W0110857

Ich bin gefragt

Ethik 5/6

Volk und Wissen Verlag

ASTOR

US
COAST GUAR

Ethik-Unterricht – na klar!

Bin ich gefragt?
Sahra: Stell dir mal vor, Paul. Ich komme gestern nach Hause und mein Opa wartet auf mich. Weißt du, was er mich gefragt hat?
Paul: Ob dir die Schule Spaß gemacht hat?
Sahra: Schön wär's!
Paul: Ob du viel gelernt hast?
Sahra: Auch nicht. Er fragte, ob ich schon alles gekonnt habe!
Paul: Gekonnt? Ob du schon alles wusstest? Und wie hast du geantwortet?
Sahra: Ich habe nur gelacht und gesagt: »Ja, natürlich: alles gekonnt – außer Ethik*. Dieses Fach beginnt erst morgen!«
Paul: Hast du eine Ahnung, worum es bei Ethik geht?
Was stellt ihr euch unter Ethik-Unterricht vor?

Bin ich gefragt?

Elenis erste Ethik-Stunde

Warum fühle ich mich unwohl? Weil ich die Lehrerin noch nicht kenne? Weil sich die Kinder bestimmt gleich einander vorstellen müssen und einige immer kichern, wenn ich an der Reihe bin? Ob das mit meinem Namen Eleni zu tun hat oder weil die anderen mich doof finden?

Als sich Frau Müller, die neue Ethik-Lehrerin, nach den Namen ihrer neuen Schülerinnen und Schüler erkundigt, ertönt tatsächlich ein leises Gekicher, als Eleni ihren Namen nennt. Jetzt wird Eleni ganz klein und möchte so klein sein, dass sie niemand mehr hinter ihrem Mäppchen sehen kann. Frau Müller dagegen lächelt Eleni kurz an und sagt: »Das ist aber ein schöner Name. Er bedeutet ›die Strahlende‹ und kommt aus dem Griechischen«. Im Moment strahlt Eleni überhaupt nicht. Darum lachen die anderen auch; aber es ist nicht böse gemeint. Jetzt will jeder wissen, was sein Name bedeutet. Bei den meisten weiß es Frau Müller, bei anderen kann sie nur die Nachnamen erklären. Und dann soll jeder seinen Namen malen. Einige müssen ganz schön nachdenken. Eleni fängt an zu schmunzeln und malt dieses Bild:

▶ Im Klassenzimmer breitet sich Unruhe aus: Einige Kinder tollen herum, andere packen ihre Sachen zusammen und gehen jetzt in den Religionsunterricht. Zugleich trollen sich, noch etwas zögerlich, Kinder aus anderen Klassen hinzu, die am Ethik-Unterricht teilnehmen möchten. Eleni würde sich am liebsten verstecken.

Du bist gefragt!

Liebe Eleni,

immer wieder begegnen wir Kindern wie dir, die sich an den Rand gedrängt fühlen und sich fragen: Bin ich überhaupt etwas wert? Kommt's im Leben auf mich an?

Ja, du bist gefragt! Das ist unsere feste Überzeugung; darum trägt dieses Ethik-Buch den Titel ›Ich bin gefragt‹.

Wo gefragt wird, da soll Antwort gegeben werden. Um die Frage zu beantworten, wer du bist, reicht es nicht aus, deinen Namen zu nennen. Auch bei deinen Lehrerinnen und Lehrern interessiert dich nicht nur deren Namen, sondern wie du mit ihnen auskommst. Das wollen die anderen auch über dich herausfinden.

Du bist gefragt, und diese Frage beantwortest du so, wie du mit anderen umgehst. Ob es wohl richtig ist, dass du dich klein machst wie eine Schnecke? Jedes Kind hat einen Namen – aber man muss sich auch einen Namen machen. Wir wollen dir dabei gerne helfen: mit diesem Buch.

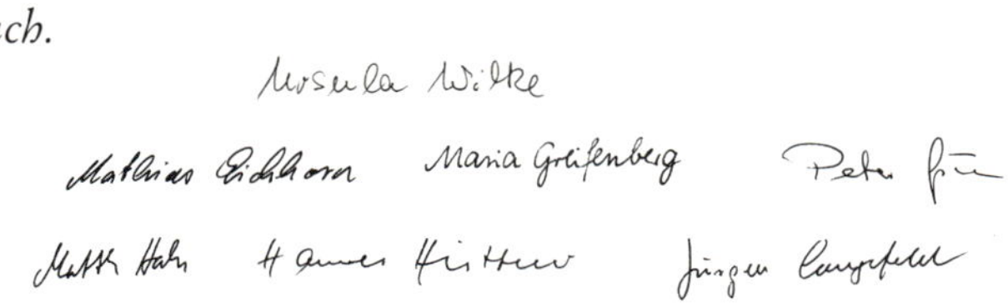

▶ *Abseits steht sie,*
keiner sieht sie,
traurig wendet sie den Blick.
Was macht sie nur falsch?
Warum kommt niemand zu ihr
und fragt,
›he du – wie heißt du?‹
Aber es kommt niemand,
darum steht sie,
Abseits,
keiner sieht sie.
WANDA GAWINSKI, 15 Jahre

▶ Wir, die Autorinnen und Autoren dieses Ethik-Buches, haben Eleni einen Brief geschrieben – eigentlich ist er auch ein Brief an euch …

1. Besprecht, was es bedeutet, sich einen Namen zu ›machen‹.
2. Oft sagt man auch über Menschen, die beliebt sind, sie seien ›gefragt‹. Findet ihr, dass man immer darauf achten sollte, sich bei anderen Menschen beliebt zu machen?
3. Ob du uns deine Meinung zu unserem Brief schreiben magst?

Aufwachsen in schwieriger Zeit

Stefan fühlt sich in letzter Zeit ganz schön genervt. Erst gestern, als es den ganzen Tag geregnet hat, ist er wieder mit Frau Meier aneinander geraten. Warum? Er hat, wie die Nachbarin sagt, im Treppenhaus mit ein paar Freunden »laut herumgetobt«. Angeschrien hat sie ihn und im Überschwange sogar mit der Polizei gedroht.

Stefan kommt ins Grübeln:

Habe ich denn überhaupt keine Rechte? – Nirgendwo darf ich toben. Die Wohnung ist zu klein und hellhörig. Ständig sagt Mutti ›psst‹ zu mir und ermahnt mich: ›Denk' an Frau Meiers Nervenkostüm!‹ Draußen, rund um die Häuser, gibt es Platz für Autos, aber keinen für Kinder. Auf dem Spielplatz ist Fußball spielen verboten, Rad fahren untersagt, Rollerblades laufen unmöglich. Um die Tischtennisplatte streiten sich die Kinder, die Grünanlage ist voller Hundehaufen.

Kinder in armen Ländern haben häufig ganz andere Sorgen: Nicht wenige wachsen weitgehend ohne Eltern auf – dann müssen sie sehen, wie sie zurecht kommen. Sie leben in den Elendsvierteln der großen Städte. Manchmal fallen sie Erwachsenen in die Hände, die sie für verbrecherische Zwecke ausnutzen. Es soll schon vorgekommen sein, das Kinder ermordet wurden, damit man ihre Organe in die reichen Länder verkaufen kann.

▶ *Hab und Gut*
»Die Kinder sind unser kostbarstes
Gut«, schrieb einer in die Zeitung,
der den Kinderfreund spielte.
Hätte er geschrieben:
»Sie sind unser kostbarstes
Sperrgut, Frachtgut, Stückgut«,
hätte man gleich gewusst,
wie er fühlte.
Hans Manz

▶ Es gibt Leute, die behaupten:
Nie ging es Kindern so gut wie in unserem Land heute:
– Kinderarbeit und Prügelstrafe sind gesetzlich verboten.
– Genug und gut essen und trinken zu können sowie ein Dach über dem Kopf zu haben, sind so selbstverständlich, dass kaum noch jemand darüber nachdenkt.
Was meint ihr?

Kinder haben Rechte

Kinder sind die Zukunft unserer Welt. Das betont eine Broschüre des Kinderhilfswerks der Vereinten Nationen aus dem Jahr 1997. Die Gemeinschaft der Völker hat schon 1989 festgehalten, dass es höchste Zeit sei, die Rechte der Kinder zu verteidigen. Ein Beschluss der UNO fordert dazu unter anderem:

Das Kind ist unverzüglich nach seiner Geburt in ein Register einzutragen und hat das Recht auf einen Namen von Geburt an, das Recht, eine Staatsangehörigkeit zu erwerben und soweit möglich das Recht, seine Eltern zu kennen und von ihnen betreut zu werden.

Aus Artikel 7, Absatz 1 der weltweiten Konvention über die Rechte des Kindes

▶ Die »Vereinten Nationen«, UNO abgekürzt, wurden 1945 gegründet. Zu ihren Aufgaben gehört vor allem die Sicherung des Friedens.
Alle Mitgliedsländer sind verpflichtet, die Menschenrechte* zu achten. Auch unser Land ist Mitglied der UNO.
Im deutschen Grundgesetz könnt ihr die Menschenrechte in den ersten 19 Artikeln nachlesen.

1. Sammelt Unterlagen wie Zeitungsartikel und Fotos über die Lage von Kindern – bei uns und in den armen Ländern. Findet Gemeinsamkeiten und Unterschiede heraus.
2. Besprecht, welche Rechte Kinder bei uns haben und welche ihr vermisst.
3. In Artikel 7 der Kinderrechte heißt es, dass jedes Kind ein Recht auf einen Namen habe. Wenn damit mehr gemeint ist als nur ein Rufname, mit dem das Kind seinen Verwandten und Freunden bekannt ist: Welchen Sinn seht ihr hinter dieser Aussage?

Namenlos – geht das?

Jan hat einen Einfall

»Ja, ich sage Bescheid«, rief Jan in den Hörer und legte auf. Das war jetzt schon der dritte Anruf – und die Hausaufgaben waren auch noch nicht gemacht. Jan ging in die Küche. Draußen war Sommer und vom Spielplatz drangen Kinderstimmen herauf. Sie hatten in der Schule aufbekommen, eine Geschichte nachzuerzählen, die Frau Müller vorgelesen hatte. Jan bedauerte es jetzt schon eine geraume Zeit, nicht besser aufgepasst zu haben. Morgen war er dran, das war ihm klar. Er schloss das Fenster, holte den Goldhamster aus dem Käfig und begann sich zu konzentrieren.

An den Hausaufgaben arbeitete Jan auch noch, als sich nach einiger Zeit der Schlüssel im Türschloss drehte und seine Mutter nach Hause kam. »Es hat jemand angerufen, schon dreimal, wegen Anja. Die ist hingefallen.« Die Mutter, die gerade den Schlüssel verstaute, schaute ganz verdutzt. Anja war nämlich Jans kleine Schwester. Sie ging noch in den Kindergarten. »Was heißt hingefallen? Wo ist Anja?« – »Weiß nicht. Jemand hat angerufen, schon dreimal.« Mutters Gesichtsausdruck verdüsterte sich: »Ja, wer hat denn angerufen? Anja selbst?«

Da bemerkte Jan, dass er es nicht mehr wusste. Er hatte den Namen von Anfang an nicht verstanden: »Ich, ich weiß nicht mehr«, stotterte er, »aber du sollst zurückrufen.« Dem Hamster wurde es in Jans schwitzender Hand sichtlich ungemütlich. »Was heißt denn, dass du es nicht

mehr weißt?« Mamas Gesichtsausdruck wechselte jetzt von Bestürzung in leichte Panik über. »Hast du wenigstens die Nummer?« Die hatte Jan auch nicht. Was Jan hatte, das waren Sorgen über die Hausaufgabe. Was nützte es aber, der Mutter zu versichern, es könne nicht so schlimm sein mit Anja; der Mann am Telefon hatte auch gar nicht so besorgt geklungen. Mutter hörte nicht mehr hin. Sie schimpfte wie ein Rohrspatz, suchte im Telefonbuch nach Nummern von Anjas Freundinnen, rief in Krankenhäusern an – alles ergebnislos. Niemand wusste von Anja. Die Mutter saß jetzt am Tisch und verlor langsam die Fassung. Jan weinte schon länger vor sich hin. Dann fiel ihm die Lösung ein: »Niemand hat angerufen. – Der Mann hieß Niemand.«

Jan wusste: So hatte sich schon einmal jemand aus der Patsche geholfen. Das war ja die Geschichte, die sie als Hausaufgabe nacherzählen sollten. »Bist du blöde, so heißt doch niemand«, tönte es vom Tisch herüber.

Erneut ging das Telefon: Anja war mit ihren Rollschuhen gefallen und saß in der Eisdiele unten an der Straßenecke. Herr Antonini war mit ihr schon beim Arzt gewesen. Als er Anja nach Hause bringen wollte, war noch niemand da. Seitdem wurde sie mit Eis abgefüttert.

»Warum hast du dir denn nicht wenigstens den Namen gemerkt?«, fragte Mutter, jetzt sichtlich erleichtert. »Habe den Kopf voller Hausaufgaben«, sagte Jan. – »Um was geht's denn?« – »Um Namen, Verantwortung und so.« – Mutter atmete tief durch: »Möchte nur wissen, was ihr da so lernt.«*

▶ Jan ist ein vergesslicher Junge; vielleicht hat er auch einfach nicht aufgepasst. Fest steht: Jan befindet sich in einer schwierigen Lage; doch er ist nicht auf den Kopf gefallen. Er hat eine Idee – einen rettenden Einfall, wie er zunächst glaubt. Ob Jans Versuch, sich aus der ›Patsche‹ zu ziehen, in Ordnung ist? Wie hättest du an seiner Stelle gehandelt?

Abends machte Jan endlich seine Hausaufgaben. Er schrieb:
Odysseus war mit seinen Männern in die Höhle des Kyklopen Polyphem eingedrungen und sie waren sofort über die Vorräte des einäugigen Riesen hergefallen. So hatten sie gar nicht bemerkt, dass Polyphem mit seinen Schafen und Ziegen mittlerweile zurückgekehrt war und die Höhle mit einem riesigen Stein verschlossen hatte. Erbost über den Diebstahl erschlug Polyphem zwei der Achaier und fraß sie auf. Entsetzt wichen die Achaier zurück und versteckten sich in den Winkeln. Odysseus aber sprach mit Polyphem. Sie mussten zunächst einmal Zeit gewinnen, denn sie waren ja eingesperrt und konnten alleine den Eingang nicht öffnen; der Stein war zu schwer. Polyphem fragte Odysseus nach dessen Namen; der aber war listig und sagte, er heiße – Niemand. In der Nacht, während Polyphem schlief, stießen Odysseus und seine Männer dem Kyklopen einen scharfen Pfahl ins Auge. Der so grausam Verletzte brüllte auf vor Schmerz. Andere Kyklopen fanden sich vor der Höhle ein und fragten nach der Ursache des Gebrülls. Polyphem rief hinaus: »Niemand hat mir was angetan.« Das verstanden die Kyklopen freilich anders, als Polyphem es meinte. Unter Gelächter gingen sie wieder zu ihren eigenen Höhlen zurück und glaubten, Polyphem sei betrunken. Als der am nächsten Tag seine Schafe und Ziegen aus der Höhle ließ, gelang den Achaiern die Flucht.

▶ Die Geschichte über Odysseus und Polyphem stammt aus der Odyssee von HOMER:
HOMER war der erste uns bekannte Dichter Europas. Er lebte wahrscheinlich um das Jahr 800 v. Chr. in einer Stadt an der Westküste der heutigen Türkei. Er sprach Griechisch. Ihm waren die Sagen* von Völkern wie den Achaiern bekannt, die vor den Griechen in den Mittelmeergebieten gelebt hatten.
Die Schifffahrt galt in jenen Zeiten als gefährlich, denn die Schiffe waren noch primitiv, die fremden Küsten den Achaiern unheimlich. HOMER übertrug ihre verwegen anmutenden Geschichten in die griechische Sprache.

Adam

Michaela

Einen Namen haben

Ich heisse Adam Zuckermann und bin 13 Jahre alt. Meistens finde ich meinen Namen ganz in Ordnung, aber er kann auch richtig ungünstig sein. Wenn's um Mathe-Aufgaben geht, macht es mir überhaupt nichts aus »Zuckermann« zu heissen. Bis die ganze Namensliste unserer Klasse von A bis Z durch ist, gibt es kaum noch Aufgaben und ich komme so gut wie nie dran! Stress habe ich erst dann, wenn meine Deutschlehrerin absichtlich beginnt, von hinten abzufragen und ich nicht aufgepasst habe. Meine Freunde wissen, wie sie mich ganz leicht ärgern können: Sie brauchen mich nur »Zuckerpuppe« nennen! Michaela hat gestern eine neue Variante entdeckt, die ich noch nie gehört habe: »Zuckersüß«.

Mein Name ist Michaela Müller und ich bin noch 12. Ich kann weder meinen Vornamen noch meinen Nachnamen ausstehen. Meine Eltern haben einen Jungen erwartet und wollten sich nicht ganz umstellen, daher »Michael-a.« Dazu kommt, dass fast jede zweite Person »Müller« heißt! Das finde ich total langweilig. Dagegen gefällt mir »Zuckersüß« viel besser! Was haltet ihr davon?

1. In den Geschichten über Jan und Odysseus kommt jeweils ein Niemand vor: Welche Gründe sprechen dafür, welche dagegen, dass sowohl der fremde Anrufer als auch Odysseus namenlos scheinen.
2. Diskutiert den Unterschied zwischen Jans Situation und der des Odysseus.
3. Gegenüber Polyphem verschweigt Odysseus seinen wahren Namen – er belügt ihn sogar: Überlegt, ob Odysseus in seiner besonderen Lage nicht auch gleichzeitig die Wahrheit sagt.
4. Findet heraus, welche Bedeutung eure Namen haben. Fragt eure Eltern, was sie sich dabei gedacht haben.

▶ Jeder von euch trägt einen bestimmten Namen. Von der Menge der Menschen lasst ihr euch auf diese Weise leichter unterscheiden: Den Vornamen oder Rufnamen bestimmen die Eltern. Der Nachname wird durch Geburt erworben, kann später aber noch verändert werden – etwa durch eine Heirat. Namen zeichnen einen Menschen in ganz besonderer Weise aus: Daher gibt es so viele verschiedene Namen. Manche Eltern richten sich bei der Wahl des Rufnamens nach der ursprünglichen Bedeutung; andere achten mehr auf einen schönen Klang.

Diskutiert folgenden Satz:
Eine Blume braucht Sonne,
um Blume zu werden.
Ein Mensch braucht einen Namen,
um Mensch zu werden.

Auf mich kommt es an

Maler haben die Frage, wer sie sind, oft mit ihren Mitteln, also mit Pinsel und mit Farben, zu beantworten versucht.
Auf dieser Seite findet ihr die Selbstporträts von zwei berühmten Malern. Ihre Bilder unterscheiden sich von Fotografien. Worin?

Von der Bildbetrachtung zur Bildgestaltung

Schritt 1:

– Achtet bei der Betrachtung der Bilder darauf, worauf euer Auge zuerst schaut und welchen Weg eure Augen über das Bild nehmen. Unser Blick wird vom Maler zunächst eingefangen und dann geführt.

– Auf Transparentpapier könnt ihr den Weg eurer Augen über das Bild einmal aufzeichnen. Wo bleibt er stehen?

– Findet heraus, ob ihr in der Gruppe das Bild alle in der gleichen Weise betrachtet habt: Gibt es keine Unterschiede, dann überlegt, welche Mittel die Maler angewendet haben, um euch das Bild so betrachten zu lassen, wie ihr es getan habt.
Wenn es Unterschiede gibt, dann sucht nach Erklärungen.

Carl Spitzweg, *Der Porträtmaler*, 1860/62
Albrecht Dürer, *Selbstbildnis als 13- oder 14-jähriger Knabe, 1484;*
Paula Modersohn-Becker, *Selbstbildnis mit Kamelienzweig*

Schritt 2:
– Werdet euch klar darüber, was jeder der beiden Maler von sich selber hält.
– Wenn ihr euch von eurer Fantasie anstecken lasst, könnt ihr vielleicht noch viel mehr über die Maler herausfinden: Wie sie leben, was sie fühlen und denken, wer ihnen wichtig ist …

Schritt 3:
Du kannst dich selbst zeichnen.
– Überlege zunächst: Wie möchtest du sein oder wie möchtest du dich sehen? Dann kannst du beginnen. – Nur Mut!
– Wenn es dir leichter fällt, kannst du eine Freundin, einen Freund oder einen Sitznachbar zeichnen.
– Vergleiche die Selbstbildnisse der beiden Maler mit deinem Porträt.
– Erzählt zum Abschluss, was euch beim Malen durch den Kopf gegangen ist. Ihr seid gefragt!

In meiner Welt zurechtkommen

Wir bleiben immer Kinder, und
so klug wir auch werden mögen,
wir behalten immer die Lust,
mit scharfen Messern und
spitzen Scheren zu spielen.

Leben in der Schule – aber wie?

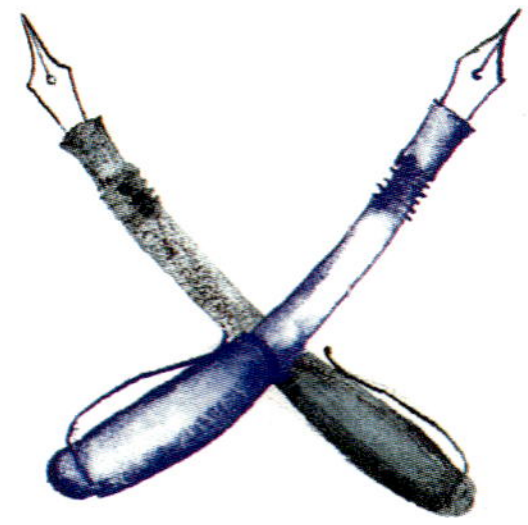

»Karin kann's nicht!«

Gelangweilt zerpflückt Jörn seinen Vierfarbenschreiber. Drei Wochen in der neuen Schule und er sitzt noch immer zwischen zwei Mädchen, hat niemanden zum Quatschen. Links neben ihm sitzt Katja. In Gedanken nennt er sie »Bärin«. Jörn mag Tiere und hat sich darum in den ersten Tagen angewöhnt, seinen neuen Mitschülern Tiernamen zu geben.

Da ist die Eidechse Iris, ein Mädchen, das den Kopf so seltsam ruckartig nach rechts und links bewegt, bevor sie sich meldet. Da ist der Frosch Christopher, der förmlich aus seinem Sitz hüpft, wenn er eine Antwort weiß, um die Aufmerksamkeit der neuen Lehrerinnen und Lehrer auf sich zu lenken – wie ein hungriger Frosch eben, der eine Fliege fängt. Und dann ist da Katja, die gar nicht wie eine Bärin aussieht. Wenn sie im Unterricht etwas schreibt oder eine Aufgabe löst, dann geht sie dabei so ruhig und gründlich vor – genau wie eine Bärin, die bedächtig unter einem Stein nach Insekten sucht oder gemütlich von einem dornigen Strauch die Beeren abpflückt.

Jörn beobachtet Katja genau und ihre Gelassenheit fasziniert ihn. Aber er würde niemals mit ihr schwätzen, sie scheint ihm zu sehr in ihre eigene Arbeit vertieft.

Rechts neben ihm sitzt Karin und schweigt. Der Fisch. Sie meldet sich nie, und wenn sie mal angesprochen wird, dann murmelt sie ihre Antwort so undeutlich, dass Jörn förmlich die Luft anhält, um sie zu verstehen. Kein Wort zu viel, den Blick stets gesenkt. »Typisch Mädchen«, denkt Jörn, obwohl er weiß, dass das nicht stimmt. Die meisten Mädchen in der neuen Klasse reden ziemlich viel, beteiligen sich an den Diskussionen, bemühen sich um einen guten ersten Eindruck. Jörn findet das albern. Jetzt, wo er hier allein zwischen Bärin und Fisch sitzt, erscheint es ihm besonders wichtig, von den anderen Jungen nicht für einen Streber gehalten zu werden. Das kann peinlich sein.

Jörn bevorzugt den Löwen Lars. Blonder Kurzhaarschnitt und ein lässig überlegenes Grinsen im Gesicht: ein satter Löwe, der seine Stärke genießt.

▶ In zehn Minuten fängt die Schule an, du bist schon früher da.
Ein Mädchen aus deiner Klasse fragt dich nach den Hausaufgaben. Lässt du sie abschreiben?
– *Auf jeden Fall. Es ist unfair, wenn ich es nicht tue.*
– *Sie hat die Hausaufgaben nicht gemacht, es ist also ihr Problem.*
– …
Erkläre deine Entscheidung!

Katja arbeitet, Jörn beobachtet, Karin schweigt. Als Herr Heinecke sie anspricht, senkt sie den Kopf, öffnet den Mund – und Jörn nutzt die Gelegenheit. In die angespannte Stille hinein sagt er klar und deutlich, mit lässigem Grinsen: »Karin kann's nicht!« Ein Spruch, der immer passt und in der neuen Klasse schnell die Runde macht.

Karin wendet den Kopf zur Seite, blitzt Jörn wütend an und murmelt dann ihre Antwort. Dabei wird sie unsicher und verhaspelt sich, Herr Heinecke muss sie freundlich verbessern. Jörn genießt seinen stillen Triumph.

Von nun an zischt er in passenden Momenten leise sein »Karin kann's nicht!« und hofft dabei, dass das Mädchen sich irgendwann über ihn beschwert. Dann wird ihm die Klassenlehrerin einen neuen Platz zuweisen, den letzten freien – neben Lars. Aber sein Plan geht nicht auf. Karin beteiligt sich immer seltener am Unterricht, Jörn sitzt neben ihr und ärgert sich.

Es dauert noch zwei Wochen, ein paar Mal gezielt »Karin kann's nicht!« geflüstert und der Fisch antwortet gar nicht mehr.

▶ Mädchen sind anders?
Noch vor fünfzig Jahren saßen viele Jungen und Mädchen in Klassen, die nach Geschlechtern getrennt waren. Dann wurden sie zusammengeführt, damit Jungen rücksichtsvoller werden und mehr Mädchen sich für Fächer wie Mathematik und Physik interessieren.
Doch jetzt fordern Eltern und Lehrer immer häufiger eine neue Trennung, wenigstens teilweise.
Getrennte Klassen oder gemischte Klassen: Gibt es eine Lösung?

1. Betrachte die Bilder und überlege: Warum ärgert Jörn Karin? Und wie könnte sie sich wehren?

2. Suche einen Tiernamen, der zu dir passt, und begründe deine Entscheidung. Du kannst auch ein Tier erfinden. Schreibe dann den Satz »Ich bin eigentlich ein/eine … (Tiername), weil ich genauso … (Begründung).« auf einen Karton.
Mischt und verteilt die Karten wieder. Suche jetzt das passende Kind zu deiner neuen Karte. Spannender wird es, wenn jeder nur drei Mitschülerinnen oder -schüler fragen darf.

3. Denkt euch in Gruppenarbeit passende Tiernamen für eure Partner aus. Sprecht über »Vor-Urteile«* und findet Beispiele aus eurer Umgebung.

»Streber«

Wer was weiß, der ist ein Streber,
Speichellecker, Fingerheber
Wer die richt'ge Antwort gibt,
ist bei uns nicht mehr beliebt.
Wer dagegen ständig stört,
niemals auf den Lehrer hört,
der soll unser Kumpel sein,
der darf heute mit uns schrei´n.
Wer als Schüler auf sich hält,
schert sich nur um uns're Meinung.
Tut nicht das, was ihm gefällt,
sondern folgt uns – brav und stumm!

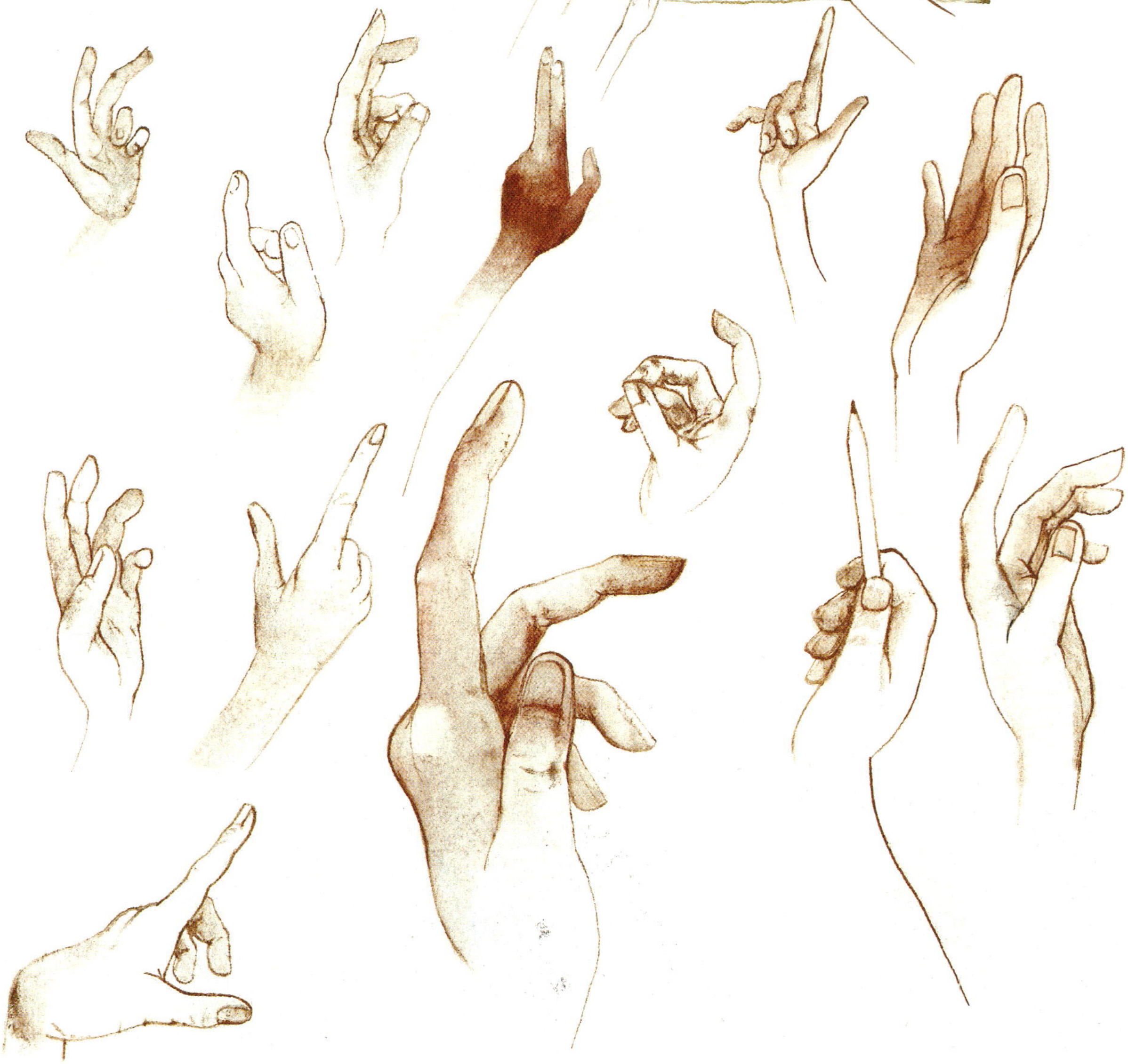

Die Schulmaschine

Lehrerinnen und Lehrer unterscheiden sich genauso wie die Schülerinnen und Schüler einer Klasse. Jeder ist einzigartig und verhält sich im Unterricht anders als die anderen. Man kann sie nicht über einen Kamm scheren, Lehrerinnen und Lehrer nicht, Schülerinnen und Schüler auch nicht. Höchste Zeit für eine »Schulmaschine«, damit die Schule endlich allen Spaß macht und das Lernen jedem leicht fällt. Damit die Maschine auch richtig funktioniert und »perfekte« Lehrer und Schüler ausspuckt, braucht ihr entsprechende Daten:

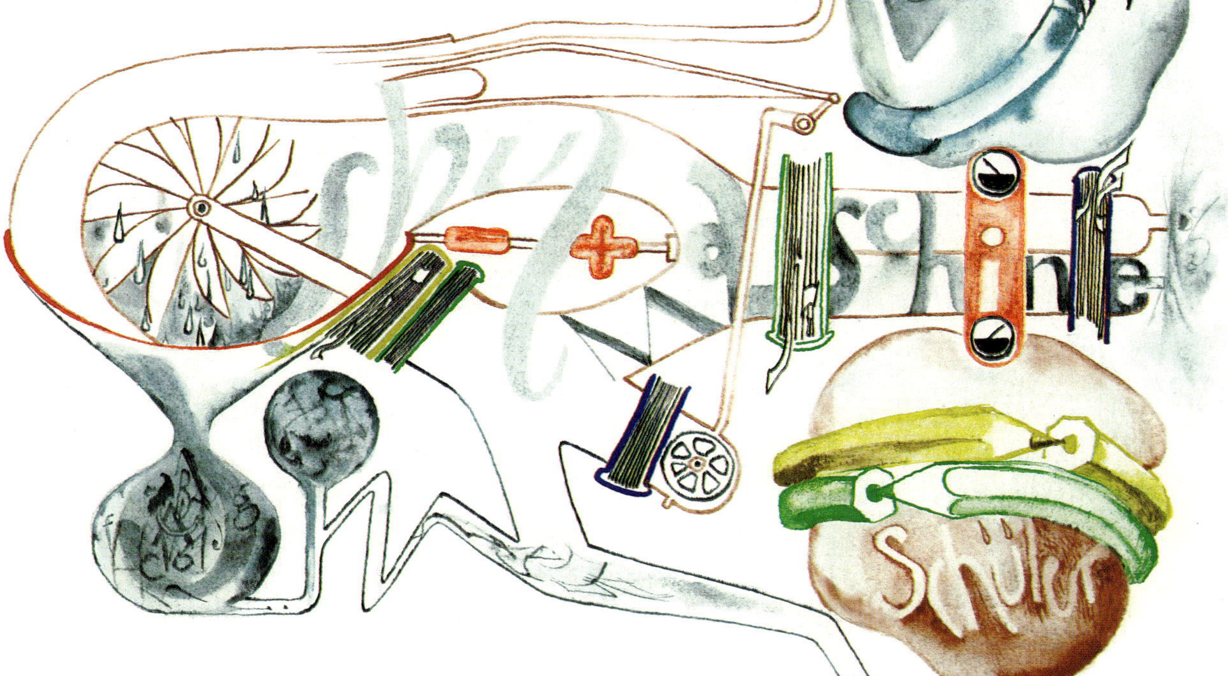

1. Überlegt in der Gruppe, welche Eigenschaften »perfekte« Lehrerinnen und Lehrer sowie »perfekte« Schülerinnen und Schüler haben sollten. Befragt auch eure Eltern und Lehrer nach ihren Vorstellungen.
2. Zeichne dein Schülerporträt auf großformatiges Papier oder Tapete. Male und schreibe hinein, wie du dich in der neuen Schule fühlst.
3. Schreibe auf, was du an dir verändern musst, um eine »perfekte« Schülerin oder ein »perfekter« Schüler zu werden. Entscheide und begründe, welche Veränderung du möchtest und welche nicht.

Mädchen und Jungen wie ihr verbringen fast jeden Tag einige Stunden in der Schulwelt – zusammen mit ihren Lehrerinnen und Lehrern: Schnell werdet ihr feststellen, dass jeder einzelne Schulgänger anders ist; das kann manchmal ganz schön anstrengend sein. Zwar mag niemand perfekt sein, aber jeder von euch ist gleich wertvoll.

Zurückschauen: Was sich alles verändert

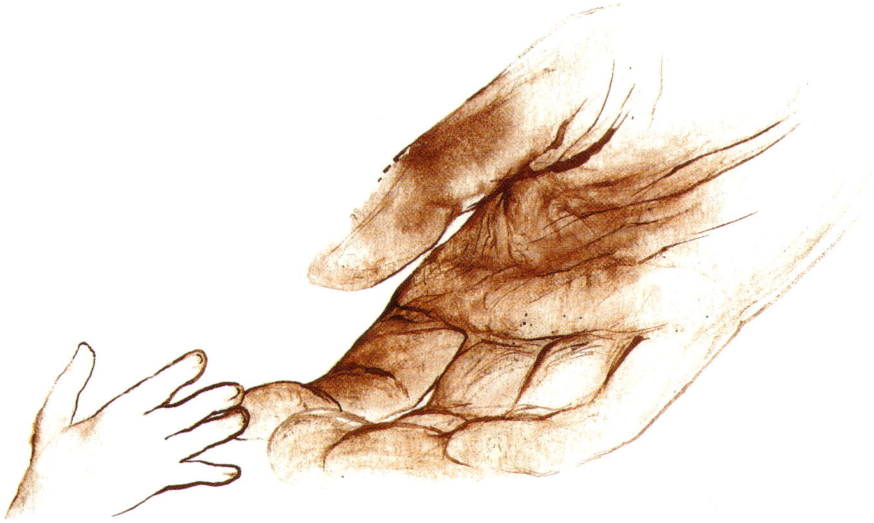

»Jede Menge Bilder«

Jörn mag seine Igel-Oma. Den Spitznamen bekam sie vor Jahren, als sie in ihrem Garten einen halb verhungerten Igel fand und einen Winter lang durchfütterte. Jörn besuchte seine Großmutter oft in der Zeit, um bei der Igelpflege zu helfen, wie er betonte. Insgeheim jedoch hoffte er vergeblich, den Igel selber behalten zu dürfen, auch über den Winter hinaus. Ein so ausgefallenes Haustier hatte schließlich nicht jeder.

In den letzen vier Jahren hat er die Igel-Oma überhaupt nicht mehr gesehen, obwohl sie im Nachbarort wohnt. »Deine Großmutter mischt sich in Angelegenheiten, die sie nichts angehen«, sagt Jörns Mutter, wenn er sie darauf anspricht. So beschränkt sich der Kontakt auf das Nötigste.

»Sie hat wieder einen Igel gefunden«, denkt Jörn, als die Großmutter ihn im November anruft und sagt, sie müsse ihrem einzigen Enkel etwas Wichtiges zeigen. »Den weiten Weg allein mit dem Fahrrad? Du bist wirklich groß geworden, Jörn. Ich erkenne dich kaum wieder, so sehr hast du dich verändert!« Die Begrüßung ist Jörn etwas peinlich – und gleichzeitig fühlt er sich stolz und erwachsen. Aus seiner Sicht ist er alt genug, um einen Igel zu versorgen.

Die Igel-Oma beginnt zu erzählen, während sie den Kaffeetisch deckt. Von ihrem »Wiedervereinigungs-Enkel«, den sie solange nicht mehr gesehen hat. Von ihrer Tochter, die früher viel vernünftiger war, wie sie sagt. Vom arbeitslosen Schwiegersohn, von dem sie sich so viel versprochen hatte. Und wie schnell sich die Zeiten ändern: »Nichts bleibt, wie es ist«, seufzt sie.

»Sie redet genauso viel wie früher«, erinnert sich Jörn und wird ungeduldig.

▶ Das Schiff des Theseus

Aus griechischen Vorzeiten ist uns die Geschichte von Theseus überliefert. Der Königssohn segelte mit einem prunkvollen Schiff. Bereits auf der ersten Fahrt nach Kreta wurde es in einem schweren Sturm beschädigt und musste repariert werden.

Das Gleiche passierte auch auf der Rückfahrt; im Hafen der Insel Delos wurden erneut Teile des alten Schiffes ausgewechselt. Von nun an segelte das Schiff des Theseus regelmäßig zwischen Athen und Delos.

In all den Jahren wurde es so oft überholt und ausgebessert, dass mit der Zeit keine einzige Planke, kein Tau und kein Fetzen Segeltuch des alten Schiffes übrig blieb.

Das Schiff des Theseus?

Und dann erhebt sich die Igel-Oma und holt etwas aus dem Schrank – kein Igel. »Jede Menge Bilder!?«, stöhnt Jörn entsetzt, als er das Buch aufschlägt. Lauter Familienfotos und Anmerkungen in der unverwechselbar-vertrauten kerzengeraden Schrift der Großmutter, angefangen mit Bildern aus ihrer eigenen Kindheit. »Nicht wahr?« Die Igel-Oma strahlt. »Damit du weißt, wo du herkommst. Das ist heutzutage besonders wichtig.«

Zu Hause blättert Jörn das Buch langsam durch. Die Igel-Oma als junges Mädchen hätte er nicht wiedererkannt. Dünn und hungrig sah sie aus. Dann Bilder von seinen Eltern, der Vater mit langen Haaren und weit offenem Hemdkragen, die Mutter auf einem Moped – das wusste Jörn noch gar nicht. Die stolzen Eltern mit dem erstaunten Säugling, Jörn im Sandkasten, an der Ostsee, mit der Schultüte, bei Großmutter im Garten.

»Das bin nicht ich«, durchfährt es Jörn. Er mag sich auf Fotos nicht, das war schon immer so. Jörn mit dem Igel auf dem Arm, schon lange her. Auch auf diesem Bild ist er sich fremd. Aber doch irgendwie vertraut – wie ein guter Freund, den man lange nicht mehr gesehen hat.

1. Schau dir die Bilder genau an und vergleiche, wie sich Menschen und Bäume in ihrem Leben verändern. Bedenke auch: Wie verändern sich Autos in ihrem »Leben«?

2. Stelle eine Liste mit allen Veränderungen zusammen, die in der Geschichte erzählt werden.
Entscheidet gemeinsam, welche Veränderungen für Jörn vermutlich besonders wichtig und welche eher unwichtig sind.

3. Suche Kinderfotos von dir heraus (und vielleicht auch von deinen Eltern?) und prüfe, in welchen Fotos du dich am besten wiedererkennst.
Du kannst die Fotos auch durchpausen und eine Collage anfertigen: dein Lebensweg bis heute!

Ich erinnere mich

Ich erinnere mich an Cowboy-und-Indianer-Spiele, an Gummi-Twist, die ersten Rollschuhe, an Fußballspielen im Hof – und an die zerschossene Fensterscheibe unserer Nachbarin.

Ich erinnere mich an den Umzugswagen, die traurigen Gesichter meiner Großeltern, das neue Kinderzimmer ganz für mich allein und an viele lange Regentage – Freunde habe ich erst später gefunden.

Ich erinnere mich an Alpträume, wo dunkle Männer mich mit spitzen Nadeln jagten, das unheimliche Knacken in der Wohnung, wenn ich allein zu Hause war – und an unseren Arzt, den ich in die Hand gebissen habe, als er mir eine Spritze geben wollte.

Ich erinnere mich an Rangeleien und Spaßkämpfe auf der Wiese, an Schwitzkasten und Pferdekuss, an Rolands gebrochenes Schlüsselbein – aber ich war wirklich nicht schuld.

Ich erinnere mich an geflochtene Freundschaftsbänder ums Handgelenk, an bunte Haarspangen, die man ständig neu feststecken musste, an billige Schnürsenkel, die reißen, wenn ich es besonders eilig habe – und an meine erste Brille, für die ich mich so geschämt habe.

Ich erinnere mich an Spielkarten in Fahrradspeichen, den ersten Tacho, die neue Sturmklingel und an den Tag, als ich auf dem Schulweg stürzte – die Beule habe ich immer noch.

Ich erinnere mich an Brausebonbons und Sammelkarten, an Lakritz und Wassereis im Sommer, auch an die erste Cola, mit geklautem Geld gekauft – und an das Schweigen meiner Eltern, schlimmer als Stubenarrest.

Ich erinnere mich an tintenfleckige Finger, an Kakao-Wetttrinken mit Strohhalmen in der Pause, an den ersten Wespenstich und den ersten Kuss – beides halb so wild.

Warum eigentlich?

▶ Mein Album:
Wenn ich es mir aussuchen könnte, dann möchte ich mich nur noch erinnern an:

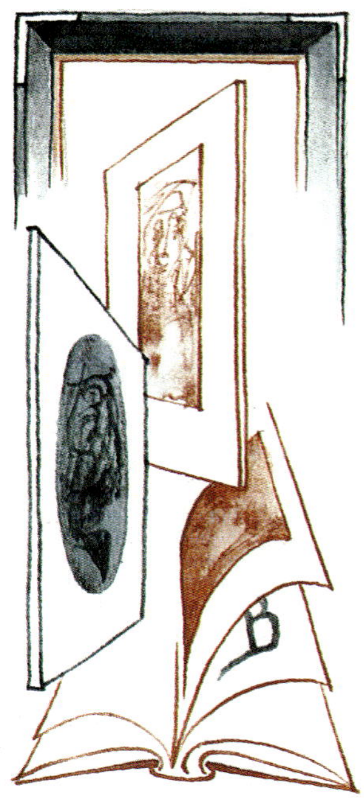

Was ist daran wichtig?

▶ Austausch-Bar
Bin ich noch derselbe
– wenn ich mich verkleide und mit tiefer Stimme spreche?
– wenn ich andere Eltern habe, neue Geschwister oder ganz andere Freunde?
– wenn ich keine Beine habe, nicht mehr laufen kann?
– wenn andere sagen, ich hätte mich so verändert, dass sie mich nicht wiedererkennen?
– wenn ich schlechte Laune habe oder ganz besonders glücklich bin?
– wenn ich in einem anderen Land aufwache und mich an nichts erinnere?
– wenn mich niemand anschaut, weil ich unsichtbar bin?
– wenn jemand meinen Namen vergisst?
– wenn ich immer so bleibe, wie ich heute bin?

1. Lasse deine Gedanken treiben und schreibe auf, an was du dich erinnerst. Überlege auch, welche Erinnerungen du heute besonders schön, besonders wichtig und besonders schlimm findest. Du kannst deine »Erinnerungswelt« auch auf ein großes Blatt Papier zeichnen.

2. Sprecht gemeinsam darüber, was einen Menschen unverwechselbar macht: sein Besitz, sein Aussehen, sein Charakter – oder etwas anderes?

Damit du mich nicht
verwechselst:
schenk ich dir ein Bild
von mir, ganz persönlich
unversöhnlich.
Was ich mal war, das bin ich
nicht
und mein Gesicht verändert sich
von Tag zu Tag.
Ich hab geträumt, mich aufgeräumt,
Vergangenheiten neu gefühlt,
gewühlt in der Erinnerung
an Stunden, nicht mehr
gefunden überwunden.
Jetzt bin ich jemand,
war nie so und werde so nicht sein
immer derselbe.

▶ Genug?
Etwas zu besitzen, das mir allein gehört, ist nicht selbstverständlich. Viele Kinder dieser Welt haben nicht einmal genug zu essen. Andere haben viel mehr, als sie brauchen. Jedes Jahr kommen neue Dinge hinzu, denn es ist nie genug.
So viel Menschen auch besitzen, immer wünschen sie sich noch etwas.

Dinge und Werte: Worauf es ankommt

Jörn fällt

»Wenn du nur drei Dinge auf eine einsame Insel mitnehmen könntest …«, beginnt Jörn und wippt mit den Beinen. Lars hält Ausschau nach dem Bus und verfolgt gleichzeitig das Fußballspiel der älteren Schüler auf dem Sportplatz. Von hier oben, auf dem Treppengeländer hinter der Sporthalle, kann man den Bus schon von weitem sehen und hat nur ein paar Schritte zur Haltestelle, wo die anderen sich ungeduldig drängeln.

»Funkgerät, Signalpistole und Schlauchboot«, antwortet Lars und dreht sich zu Jörn um. »Dann bin ich nach zwei Tagen schon wieder runter von deiner Insel. Und du?« »Zwei Schafe und ein großes Messer«, hatte sich Jörn überlegt. Mit einer Schafzucht kann man sich ernähren und aus der Wolle Kleidung weben. Aber das will er jetzt nicht mehr sagen. Die Insel einfach wieder zu verlassen, darauf muss man erst mal kommen.

»Verdammt, der Bus!«, schreit Lars, packt den Ranzen und läuft die Treppe hinab. Während sie sich unterhielten, hatten sie nur noch das Fußballspiel beobachtet. Jetzt müssen sie noch über den Zaun klettern und die ersten Schüler steigen bereits ein. Jörn lässt das Treppengeländer los, um die Beine darüber zu schwingen. Dabei verliert er das Gleichgewicht und plötzlich fehlt ihm der Boden unter den Füßen.

»Falsch!«, denkt er noch: »ganz falsch!«, als er außen an der Treppe und an Lars vorbei nach unten fällt. Dann blickt er verwundert zum Aufgang hinauf und sieht das Treppengeländer hoch über sich. Sein Ranzen steht noch oben.

▶ Was brauchst du zum guten Leben?

Jörn bleibt nur ein paar Tage im Krankenhaus. Alle Freunde besuchen ihn, die Eltern kommen jeden Tag und bringen ihm eine Kleinigkeit mit: ein neues Buch, ein Spiel, frische Wäsche. Ihre Fürsorge ist Jörn ein wenig unangenehm, schließlich ist nur sein linker Fuß gebrochen, die Kopfschmerzen sind nicht so schlimm. Aber es ist ein gutes Gefühl, nicht allein zu sein. Und Jörn hat viel Zeit zum Nachdenken …

»Du solltest einen Fallschirm auf die Insel mitnehmen. Den brauchst du nämlich«, sagen Lars und Katja, als sie Jörns Schulsachen und einen Blumenstrauß bringen, für den sie in der Klasse gesammelt haben. »Oder einen Schutzengel«, schlägt sein Vater vor, »am besten den von der Sporthalle. Der hat sich schon bewährt.«

Knapp vier Meter tief war Jörn gefallen, Lars hatte am nächsten Tag mit Bindfäden nachgemessen. »Ein Unfall«, denkt Jörn an diesem Abend. »Ein Un-Fall. Komisches Wort. Ich falle und plötzlich ist alles anders: Ich suche eine neue Antwort für das, was ich brauche. Denn was nützen mir Schafe?«

1. Redet miteinander, welche drei Dinge ihr auf die Insel mitnehmen würdet. Vergleicht eure Antworten mit denen von Lars und Jörn. Überlegt, welche Antwort Jörn nach seinem Unfall geben könnte.
2. Stelle auf einer Liste alle Dinge zusammen, die dir gehören, und versuche zu schätzen, wie viel dein Besitz insgesamt wiegt. Dann streiche alle Gegenstände von der Liste, auf die du verzichten kannst. Versuche dich auf so viel zu beschränken, wie du selbst tragen kannst. Was packst du ein?

▶ Radikal

Der Philosoph* Diogenes von Sinope lebte vor über 2000 Jahren in Griechenland. »Besitz macht unfrei!«, sagte er und verschenkte erst sein Geld, dann auch Haus und Garten. Fortan zog er als Bettler durch die Stadt und schlief nachts in einem alten Weinfass.
Er wollte wie ein Tier leben und ging im Sommer nackt umher, zum Entsetzen seiner Mitbürger, die ihn als »Hund« beschimpften. Im Winter kleidete er sich in Lumpen, die er auf der Straße fand.
Sein einziger Besitz war nun eine Trinkschale aus Holz. Und auch diese warf er fort, als er eines Tages sah, wie ein Junge mit der Hand Wasser schöpfte um zu trinken.
Als Kaiser Alexander der Große den Philosophen besuchte, um dem weisen Mann einen Wunsch zu erfüllen, soll Diogenes gesagt haben: »Gehe mir aus der Sonne, mir ist ein wenig kalt.«
Reicht das zum Leben?

Lauter nützliche Sachen

Ich will ein schönes Haus haben, einen großen Garten und ein schnelles Auto. Ich will auch viele Freunde haben und Erfolg in meinem Leben. Ich will das Glitzern der Sonne sehen, dem Gesang der Vögel lauschen und den Wind in meinen Haaren spüren. Ich will fröhlich sein. In meiner Welt soll es nicht nur Dinge geben, sondern auch Gefühle, Gedanken und Träume – und vor allem: mich.

Der Zettel des Brauchens

Viele kenne ich, die laufen herum
mit einem Zettel.
Auf dem steht, was sie brauchen.
Der den Zettel zu sehen bekommt, sagt:
das ist viel.
Aber der ihn geschrieben hat, sagt:
das ist das Wenigste.

Mancher aber zeigt stolz seinen Zettel.
Auf dem steht wenig.

Bertolt Brecht

▶ Gib ab!

– »Ich gebe dir meine Freundlichkeit. Gibst du mir dafür deine Klugheit?«
– »Ich gebe dir meine Geschicklichkeit. Gibst du mir dafür dein Vertrauen?«
– »Ich gebe dir meine Ehrlichkeit. Gibst du mir dafür deine Gesundheit?«
– »Ich gebe dir meine Bescheidenheit. Gibst du mir dafür deinen Mut?«
– »Ich gebe dir meine Freunde. Gibst du mir dafür dein Glück?«
– »Ich gebe dir meine Großzügigkeit. Gibst du mir dafür deine Verantwortung*?«
– »Ich gebe dir meine Gerechtigkeit. Gibst du mir dafür deine Eltern?«
– »Ich gebe dir meine Angst, meinen Hass und meine Einsamkeit. Dazu noch Trauer, Neid und viel Wut. Was möchtest du mir dafür geben?«

Gedanken zum Danken

Wenn mir jemand etwas Gutes tut, dann bedanke ich mich. Wenn mir jemand seine Freundschaft schenkt, sein Vertrauen, seine Ehrlichkeit, dann ist das wichtiger als ein neues Spielzeug. Denn wir können viele Dinge kaufen, aber längst nicht alles, was wir brauchen. Und wir können auf viele Dinge verzichten, aber nicht auf andere Menschen, die uns helfen, die für uns da sind, weil sie uns mögen.

Wie kann ich mich dafür bedanken? Bei einem Geschenk zum Geburtstag, zu Weihnachten oder einfach zwischendurch ist das einfach. Es handelt sich dabei immer um »Dinge«, die ich betrachten und anfassen kann. Ich sage »danke sehr« und mache vielleicht bei passender Gelegenheit ein Gegengeschenk.

Bei den anderen »Werten« ist es schon schwieriger. Will ich mich mit einem Geschenk bedanken, dann muss ich etwas Vergleichbares anbieten: zum Beispiel selber ehrlich sein. Damit schenke ich etwas von mir selber – so wie ich eigentlich sein möchte. Und sonderbar: Die Ehrlichkeit und die anderen Werte werden davon nicht weniger!

1. Schreibe deinen eigenen »Zettel des Brauchens«. Überlegt in Gruppen, wer euch das geben kann, was ihr aufgeschrieben habt.
2. Betrachte die Bilder auf diesen Seiten und überlege, welche »Dinge« und welche »Werte« darin angesprochen sind. Sprecht darüber, welche besonders wertvoll sind.

Jeder Mensch hat Dinge, die ihm besonders wichtig sind. Manche davon sind besonders teuer, andere besonders schön. Doch Dinge werden niemals ein Teil von dir, sie bleiben äußerlich wie eine Jacke. Was für jeden von euch wichtig ist, kann morgen schon überflüssig sein. Beachte darum, worauf es ankommt: Wer nur gut aussieht, ist noch lange kein guter Mensch.

Nach vorn blicken: Was wird aus mir?

Nach vorn

»Weißt du, manchmal möchte ich noch einmal ganz von vorn anfangen. Ein anderes Leben führen. Ein anderer Mensch sein.«

Jörn hält die Luft an. Es ist nicht seine Angewohnheit, die Eltern zu belauschen. Er wollte nur etwas fragen und steht nun unschlüssig vor der Wohnzimmertür.

»Und vermutlich auch einen anderen Mann lieben und ein anderes Kind haben, oder?« Vaters Stimme klingt gereizt. »Vielleicht auch das. Aber eigentlich stört mich etwas anderes. Jörn hat alles noch vor sich, er kann noch so viel ausprobieren. Für uns ist alles festgefahren. Ich beneide den Jungen um seine Jugend und ärgere mich, dass wir jetzt alt werden.«

Jörn hört, wie seine Mutter ein Glas aus dem Schrank nimmt.

»Nun mach aber mal einen Punkt. Jörn wird es eines Tages genauso gehen wie uns. Er wird einen Beruf lernen und vielleicht feststellen müssen, dass er keine Arbeit findet. Er wird sich verlieben und nicht wissen, wie lange diese Liebe hält. Er wird sich rumärgern mit Vorgesetzten, Kollegen, Verwandten und den eigenen Kindern. Und schließlich wird er mit enttäuschten Hoffnungen leben müssen – so wie du und ich. Warum beneidest du ihn darum, wenn du selbst darunter leidest?«

Während der Vater spricht, läuft der Fernseher leise im Hintergrund.

»Ich weiß es nicht, wirklich nicht. Vielleicht möchte ich einfach, dass Jörn einmal zufriedener ist mit seinem Leben als wir mit unserem. Und ich weiß nicht, wie ich ihm dabei helfen kann.«

Jörns Mutter spricht jetzt schnell und undeutlich. Der Junge kann ihre Worte kaum verstehen.

»Lass' ihn das selber herausfinden. Wahrscheinlich sind wir dafür keine guten Ratgeber.«

Jörn hört den Ledersessel knarren, sein Vater ist aufgestanden. Der Junge holt tief Luft, öffnet die Tür und tut so, als habe er nichts gehört.

▸ Klagen im Wald

»Ach, könnte ich doch einmal so wie du nach Süden fliegen und die Welt sehen«, seufzte der Frosch und schaute zur Schwalbe hoch, die auf einem Felsvorsprung hockte.
»Ach, wenn ich doch einmal so stark wie du wäre. Dann hätte ich keine Angst mehr, von der Katze gefressen zu werden«, seufzte die Schwalbe und flatterte hinüber zum Wildschwein.
»Ach, könnte ich doch einmal so unabhängig sein wie du. Dann müsste ich mich nicht ständig mit den anderen Säuen in der Rotte herumärgern«, seufzte das Wildschwein und stupste vorsichtig den Igel an, der in der Abenddämmerung durch das Laub huschte.
»Hätte, könnte, wollte«, murrte der Igel, während er schmatzend eine Schnecke verspeiste. »Ich will euch mal was sagen: Alles hat seine Vorteile und seine Nachteile. Ich habe meine Stacheln zum Schutz, aber dafür kann ich nicht schnell laufen. Ich habe meine Ruhe, aber keinen, der mich streichelt.«
Und was habt ihr?

»Allmählich wird es mir zur Gewohnheit, vor dem Einschlafen noch über den Tag nachzudenken«. Jörn grinst in sich hinein. Er versteht sich selbst nicht so recht seit den Tagen im Krankenhaus, nach dem »Un-Fall«. Er grübelt jetzt öfter über so sonderbare Dinge nach wie über die Bemerkung seiner Mutter: »Ich beneide den Jungen um seine Jugend.«

»Meine Eltern sind noch nicht alt und gebrechlich. Ich bin ein Kind und sie sind erwachsen. Auf was kann ich stolz sein? Ich habe doch noch nichts erreicht. Ich soll es selber herausfinden, hat Vati gesagt. Warum können sie mir nicht dabei helfen? Ich möchte glücklich werden und glücklich sein. Mutti hat das ›zufrieden‹ genannt. Wieder so ein komisches Wort: Zu-Frieden. Es klingt nach Ruhe, nach Freundschaft und Vertrauen. In Ruhe den richtigen Weg suchen, ist das damit gemeint?«

1. Überlege dir einen Titel für die Bilder auf diesen Seiten und zeichne oder male dazu ein eigenes Bild.
2. Schreibe auf, wie du dir deine Zukunft vorstellst.
Frage auch deine Eltern, welche Wünsche sie für dich haben. Vielleicht erzählen sie dir auch, wie sie sich ihre eigene Zukunft vorstellten, als sie noch Kinder waren.
3. Versucht gemeinsam, das Wort »zufrieden« zu erklären. Sammelt weitere Worte, die für euer zukünftiges Leben wichtig sein sollen.

Was aus dir wird, das weißt du noch nicht. Ganz gleich, wohin du gehst: Du kannst manches verlieren oder gewinnen. Wichtig ist, dass du bei dir ankommst. Wer hilft dir dabei?

▶ Jeden Tag ...

Seneca lebte vor langer Zeit in Rom. Er war Politiker, Philosoph und Dichter und bemühte sich sehr, ein guter Mensch zu sein. »Niemals den bequemen Weg« wollte er gehen: »sondern allein den richtigen«, sagte er. Was die Aufgabe des Menschen ist, das Gute und Richtige, wusste Seneca nicht. Aber jeden Abend dachte er darüber nach, was er im Laufe des Tages alles falsch gemacht hatte. Und Seneca nahm sich fest vor, es am nächsten Tag besser zu machen: »Ob ich ein guter Mensch sein kann, das weiß ich nicht, aber ich weiß, dass ich ein besserer Mensch werden kann, als ich es heute bin!« Und so kam Seneca wieder ...
... ein Stück weiter!

Wenn im Mittelalter ein Mensch aussagen sollte vor Gericht, dann steckte man einen Brief an seine Haustür. Später steckten Boten diese Briefe an die Stadttore, wenn jemand gesucht wurde. Und noch bis heute hängt man Zettel aus, wenn man jemanden sucht, den man verloren hat. Auf der folgenden Seite findest du ein paar Anregungen, um deinen eigenen Steckbrief zu entwerfen.

Mit Steckbrief gesucht!

Das bin ich!
Du bist kein Niemand,
aber wer bist du?
Wenn dich jemand sucht,
wo kann er dich finden?
Wenn dich jemand beschreibt,
was wird er sagen?
Wenn du dich auf den Weg
machst,
wohin gehst du?
Du bist nicht allein,
was macht dich einzigartig?
Du bist gefragt:
finde deinen Steckbrief!

Du bist etwas Besonderes.
Füge deshalb deinen Steckbrief
in einen Schattenriss deines
Gesichts ein – oder in einen
riesig vergrößerten Finger-
abdruck von dir. Du kannst auch
eine Landkarte zeichnen mit
deinem Lebensweg – denn dein
Weg ist einzigartig.
Du bist keine Maschine und
kein Tier.
Du bist ein Mensch –
veränderlich, wachsend,
mit einer Erinnerung an deine
Vergangenheit und einer
Vorstellung von deiner Zukunft.
All das kannst du in deinen
Steckbrief schreiben:

– was ich erlebt habe,
– was ich mag und nicht mag,
– was ich kann und nicht kann,
– was ich sein und nicht sein will,
– was ich unbedingt (oder niemals) lernen werde,
– was ich mir erträume,
– was andere von mir noch nicht wissen,
– welche Worte für mich wichtig sind,
– in welcher Zeit ich gerne gelebt hätte,
– welche Arbeit mir Spaß macht,
– was mich wütend und zufrieden macht,
– was in meinem Ausweis stehen sollte,
– was ich unbedingt verändern will,
– wer mir helfen soll, wenn ich nicht weiter weiß,
– woran du mich erkennen kannst.

HAUS WIRTSCHAFT
6284
656

Miteinander leben

Du bist nicht allein in dieser Welt.
Siehst du die anderen neben dir?
Weißt du von ihnen?

Alleinsein

Die folgende Geschichte hat sich 1835 zugetragen. Die Indianerin Karana springt vom Boot ins Wasser, als ihr Stamm die Insel San Nicolas verlassen muss. Sie will ihren jüngeren Bruder retten. Das Schiff segelt ab, der Bruder wird von wilden Hunden getötet. Sie verbringt einsam achtzehn Jahre auf der Insel, bis sie von einem Schiff nach Kalifornien gebracht wird:

Jene Zeit ist mir nur undeutlich in Erinnerung geblieben. Ich weiß aber, dass viele Sonnen auf- und untergingen und dass ich mir lange überlegte, was ich nun, da ich allein war, tun sollte. Die Hütte verließ ich nur, um frische Meeresschnecken zu holen, nachdem ich meinen kleinen Vorrat verzehrt hatte.

Doch dies war erst der Anfang. Die größten Schwierigkeiten standen mir noch bevor. Wohl hatte ich manches Mal zugesehen, wenn unsere Männer an ihren Waffen arbeiteten, aber wie man dabei vorging, wusste ich nicht. Ich hatte meinem Vater zugesehen, wenn er an Winterabenden in der Hütte saß und das Holz für die Schäfte schabte, ich hatte zugesehen, wie er die Steine für die Pfeilspitzen zerhackte und die Federn festband; ich hatte ihm zugeschaut und im Grunde doch nichts gesehen. Denn damals waren meine Augen noch nicht die Augen eines Menschen, der eines Tages selbst mit solchen Dingen umgehen muss …

Einmal sah ich in der Ferne etwas, das ich für ein Schiff hielt. Aber ich täuschte mich. Ein Wasserstrahl schoss in die Luft, ich wusste, dass es ein Wal war. Außer diesem Wal gab es jenen Sommer nichts mehr zu sehen.

Mit dem ersten Wintersturm hörte die Hoffnung auf. Wenn das Schiff der weißen Männer nach mir ausgeschickt worden wäre, so hätte es in der guten Jahreszeit kommen müssen. Jetzt blieb mir nichts übrig als zu warten, bis der Winter vorbei war. Wer weiß, vielleicht dauerte es noch länger.

Mit einem Mal fühlte ich mich sehr verlassen. Ich dachte daran, wie viele Sonnen über dem Meer auf- und untergehen würden, während ich mutterseelenallein auf dieser Insel lebte. Es war ein ganz neues und beängstigendes Gefühl.

Die wilden Hunde, die Karanas Bruder getötet hatten, sind auch für sie eine ständige Gefahr. Sie trifft jedoch den Anführer mit einem Pfeil, schleppt den verwundeten Hund in ihre Hütte und pflegt ihn gesund. Der Hund bleibt bei ihr. Sie nennt ihn Rontu.

Fast einen ganzen Sommer lang arbeitete ich an dem Kanu, und in all dieser Zeit blieb Rontu bei mir. Bisweilen schlief er im Schatten des Bootes, oder er rannte an der Landzunge auf und ab, um die Pelikane zu verjagen, die sich dort in Scharen niederlassen, weil es in der Nähe viele Fische gibt. Er rannte sich die Zunge aus dem Hals, aber einen Pelikan erwischte er nie.

▶ Stellt euch vor, ihr würdet eines Morgens aufwachen und keiner wäre da. Nur auf dem Küchentisch liegt eine Nachricht eurer Eltern, dass sie aus einem ganz dringenden Grund zwei Wochen wegfahren mussten. Damit ihr keine Not leiden müsst, haben sie euch genug Geld dagelassen.
– Welche Gefühle würdet ihr empfinden?
– Wie würdet ihr die kommenden zwei Wochen verbringen?

▶ An manchen Wochenenden, wenn Freundinnen oder Freunde nicht da sind, kann es passieren, dass ihr ganz allein seid. Manchmal zwingt eine Krankheit Menschen dazu, eine Zeit lang allein zu sein. Wie könnt ihr eine solche Zeit gestalten statt sie zu erleiden oder zu vergeuden?

▶ Idee für ruhige Stunden.

Er hatte sich gleich an seinen Namen gewöhnt wie übrigens an viele andere Wörter, die für ihn etwas Besonderes bedeuteten. Zalwit, zum Beispiel, hieß Pelikan, und naip hieß Fisch. Ich sprach jetzt oft mit ihm, indem ich absichtlich diese Wörter gebrauchte. Aber ich gebrauchte auch solche, die er nicht verstand. Ich sprach viel mit ihm wie mit meinesgleichen.

Nach Scott O'Dell: Insel der blauen Delphine

---

1. Erklärt, warum Karana trotz aller Probleme überlebt hat.
2. Überlegt, was Menschen wie Karana dazu veranlassen könnte, auf der einsamen Insel zu bleiben und nicht mehr in eine menschliche Umgebung zurückzukehren, selbst wenn sie die Möglichkeit dazu hätte.
3. Wie lange hieltet ihr es wohl auf einer einsamen Insel aus? Schreibt dazu einen kurzen Abenteueraufsatz.
4. Schreibe auf einen Zettel, wie viel Zeit pro Woche du für dich allein haben möchtest.

Vergleicht eure Angaben miteinander und diskutiert die Gründe, warum der eine mehr und der andere weniger Zeit für sich braucht.

Aus verschiedenen Gründen können Menschen in Lebenslagen geraten, in denen sie allein sind. Allein zu sein kann Furcht einflößen, aber auch ungeahnte Kräfte freisetzen. Vorübergehend kann Alleinsein sogar eine Gelegenheit sein, mal ›abzuschalten‹, aufzutanken und so wieder zu einer inneren Ruhe zu kommen.

Du und ich

Freundschaft

Howie ist ein Junge von zwölf Jahren und Laura ein mageres Mädchen. Beide tragen eine Brille und beide sind von den Eltern in ein amerikanisches Sommerferienlager geschickt worden. In diesem Lager gibt es einen Brauch innerhalb der Clique* der Älteren: Man sperrt einen kleineren Jungen und ein ebensolches Mädchen nachts auf eine Insel und nimmt ihnen alle Kleider ab. Dann belauscht man sie und weidet sich an ihrer Angst. Als dies den beiden passiert, sind sie schrecklich enttäuscht von der Gruppe, genieren sich voreinander, haben Angst in der Dunkelheit und Laura fürchtet sich vor Howie.
Howie merkt, dass die Clique wieder im Anmarsch ist. Sein Selbstmitleid weicht einer großen Wut. Während die anderen in Booten über den See kommen, schiebt er Laura, die noch nicht schwimmen kann, an einem Baumstamm hängend zum jenseitigen Ufer. Sie landen, völlig erschöpft, an einem Ferienhaus, brechen ein und übernachten. Ihr Verschwinden versetzt die Jugendlichen, die sich den Streich ausgedacht haben, aber natürlich auch alle beteiligten Erwachsenen in Angst und Besorgnis.
Laura und Howie kehren nicht ins Lager zurück. Denn dort warten ihre Quälgeister. Ein paar Tage lang schlagen sie sich durch, besorgen sich Kleider, übernachten in einem Motel, einem zweiten Ferienlager, leihen sich ein wenig Geld, damit Laura ihre Mutter anrufen kann. In dieser Zeit werden sie feste Freunde. Jeder hilft dem anderen, die Schwierigkeiten zu bestehen. Howie schlägt sich für Laura mit einem Jungen. Und sie werden selbstbewusst. Sie sind nicht mehr länger das Opfer anderer. Schließlich erreicht Laura telefonisch ihre Mutter. Die will ihre Tochter aus dem Lager holen. Natürlich will Laura Howie mit

▶ Mit elf, zwölf Jahren gibt es Dinge, die man nicht mehr oder nicht zuerst mit den Eltern bereden möchte. Dafür sind Freunde und Freundinnen unersetzlich.
Aber es gibt auch falsche Freunde. Man vertraut ihnen ein Geheimnis an und am nächsten Tag weiß es die ganze Klasse.

▶ Freunde oder Freundinnen braucht man, weil sie wie Spiegel sind. Wenn du ihnen zuhörst oder mit ihnen etwas unternimmst, erfährst du mehr über dich als durch einsames Nachdenken.

nach Hause nehmen. Seine Eltern sind in Urlaub. Er müsste sonst im Lager bleiben. Aber Howie weiß, dass dies nicht geht. Laura wird darüber zornig. Doch Howie nimmt ihre Hand und sagt:
»Ich hab mir vorgestellt, daß wir zusammen in den Wäldern leben können, nur du und ich. So wie Indianer. Was wir brauchen, könnten wir uns holen.«
Laura antwortet: »Wir könnten uns ein Floß bauen und den Fluß hinunterfahren.« Plötzlich war Howie fest überzeugt, dass sich alles zum Guten wenden würde. Er war kein Narr. Er wußte genau, daß es Auseinandersetzungen geben würde. Aber das spielte keine Rolle. Es würde ihnen immer etwas einfallen. Jetzt konnten sie sich anschauen und lächeln.

Nach Brock Cole: Sündenböcke

▶ Freundschaft entsteht, weil man jemand mag, weil dieses Gefühl erwidert wird und weil man sich sehr einen Freund oder eine Freundin wünscht.

▶ Freundschaften können im Verlauf der Zeit enger werden. Dann redet man miteinander über alles, was einem wichtig erscheint.

▶ Freundschaften können auch zugrunde gehen, wenn einer gleichgültig oder unzuverlässig wird, lügt oder Geheimnisse verrät.

---

1. Nenne Gründe, warum Laura und Howie sich befreundet haben. Welche Folgen hat die Freundschaft?
2. Was unterscheidet den Zusammenhalt in einer Clique von dem in einer Freundschaft?
3. Zähle die Eigenschaften auf, die deine Freundin oder dein Freund unbedingt haben muss. Welche Eigenschaften würden dich stören?
4. Darf deine Freundin oder dein Freund außer dir noch eine andere Freundin oder einen Freund haben? Sammele Gründe.

> Es ist gut, eine Freundin oder einen Freund zu haben, wenn du über Sorgen oder Freuden mit jemandem reden willst, den du leiden und mit dem du etwas unternehmen kannst. Ein solches Bündnis kann ein Leben lang halten.

Zwiespältigkeiten

▶ Die im Dunkeln sehen!?
Und die einen sind im Dunkeln
Und die andern sind im Licht.
Und man siehet die im Lichte
Die im Dunkeln sieht man nicht.
Aus Bertolt Brecht:
Dreigroschenfilm

Elisabeth ist mit Miriam befreundet. Sie wohnen beide in einem großen Wohnblock in einer Stadtrandsiedlung und gehen auch in dieselbe Klasse. Sie unterhalten sich oft in der Pause, besuchen sich auch nachmittags. Mittwoch wollen sie zusammen ins Kino gehen. Miriam hat darauf gespart. Für sie ist es nicht leicht, an Geld zu kommen. Ihre Familie ist erst vor wenigen Jahren nach Deutschland gezogen. Ihre Verwandten leben im Ausland und müssen von ihren Eltern unterstützt werden.

Der Star der Klasse ist Silvia, ein hübsches, immer schick angezogenes Mädchen. Sie ist lustig, hat eine Menge guter Ideen im Kopf. Mit ihr ist es nie langweilig. Jeder möchte gerne mit ihr spielen. Ihre Eltern haben ein kleines Haus am Rand der Siedlung gebaut. Jeder aus der Familie hat dabei zugepackt. Am Dienstag ruft sie Elisabeth an, ob sie nicht morgen mit ihr zu einem Bummel in die Stadt fahren wolle. Elisabeth sagt begeistert zu. Da fällt ihr die Verabredung mit Miriam ein.

Sie zögert, weiß nicht, was sie tun soll. Das zieht sich bis Mittwoch hin. Nach der Schule muss sie sich entscheiden. Sie ruft Miriam an: »Ich habe heute Mittag etwas gegessen. Das ist mir nicht gut bekommen. Ich kann heute Nachmittag nicht mitgehen.«

Der Nachmittag mit Silvia ist schön. Sie fahren in die Innenstadt. Die Häuser werden eleganter, je mehr sie sich dem Geschäftszentrum nähern. Im glitzernden Glanz der Schaufenster sind Waren aus der ganzen Welt ausgestellt. Die Leute stehen bewundernd davor; einige schütteln auch den Kopf. Einige werfen nur im Vorbeigehen einen flüchtigen Blick auf die Angebote. Viele sind mit Paketen bepackt. Bettler versuchen, Mitleid zu erwecken, haben Pappschilder vor sich aufgestellt, auf denen sie auf ihr Elend aufmerksam machen.

▶ Menschen können ihre Umwelt in Gegensatzpaare einteilen:
Reich und Arm, Alt und Jung, Mächtig und Machtlos, Groß und Klein, Fleißig und Faul, Ehrlich und Kriminell …
Wer seine Umwelt in solche Paare einteilt, kann sich irren:

Silvia ist wirklich nett und lustig. Überall findet sie schnell Kontakt. Sie unterhalten sich mit den Verkäuferinnen, riechen an den Parfümflaschen, probieren ein paar verrückte Hüte auf. Ständig gibt es etwas zu lachen. Sie treffen einige Jungs aus Silvias Sportclub, mit denen sie zum Schluss noch in die Bowling-Bahn gehen. Viel zu schnell vergeht der Nachmittag.

Am nächsten Morgen wartet Miriam schon besorgt vor der Schule auf Elisabeth: »Wie geht es dir heute. Bist du schon wieder fit? Ich hab gestern ein paar Mal versucht, bei euch anzurufen, wie es dir geht und ob ich dich besuchen kann. Es hat sich aber keiner gemeldet. Da wusste ich nicht, ob es euch recht war und wollte bis heute warten.«

Inzwischen ist auch Silvia dazugekommen und hat gehört, was Elisabeth ihrer Freundin vorgelogen hat. Sie sagt aber nichts, nur ruft sie seitdem nicht wieder an.

– Wer in Europa arm ist, ist noch reich im Verhältnis zu vielen Bewohnern Afrikas. Wer dies nun aber verallgemeinert, vergisst, dass auch in Ländern der so genannten Dritten Welt einige Menschen ungeheuer reich sind.

– Wer in einer Klasse der Beste in einem Fach ist, kann sich darüber freuen, aber in einer anderen Klasse wäre er mit seinen Leistungen vielleicht nur durchschnittlich.

1. Versetzt euch in die Rolle von Silvia: überlegt, mit welchen Gefühlen sie Elisabeth jetzt wohl gegenübersteht. Spielt die Szene nach.
2. Elisabeth schämt sich Miriam gegenüber für ihr Verhalten …
Nehmt euch zwei Stühle, setzt euch Rücken an Rücken und versucht, dieses Gespräch zu führen. Diskutiert nachher eure Erfahrungen und Gefühle, die ihr bei dem Gespräch hattet.
3. »Die im Dunkeln sieht man nicht«? Erläutert den Satz. Was könnt ihr in eurer Umgebung tun, damit sich etwas ändert?

Wer Freunde hintergeht, belügt sie nicht nur, sondern macht sie auch traurig. Wenn Freundschaften enden, sollten die ehemaligen Freundinnen und Freunde einen Weg suchen, wie sie sich möglichst wenig wehtun.

Liebe macht Mühe?

Der Prinz von Yxness

Es war einmal ein Mädchen, das hütete die Schafe des Königs von Yxness und war in den Sohn des Königspaares verliebt. Eines Tages kam der Prinz durch die Wiese geritten und grüßte höflich: »Tag, Jette! Wie geht's?« »Gut!«, sagte Jette. »Aber richtig gut geht es mir erst, wenn ich den Prinzen von Yxness geheiratet habe!« »Der reitet gerade los und sucht sich eine Braut!«, lachte der Prinz und winkte. »Suchen ist noch nicht finden!«, sagte Jette.

Nach drei Wochen kam der Prinz zurück und sagte zu Jette: »Bald wirst du meine künftige Frau sehen! Sie stellt sich den Eltern vor!« »Die hat es gut!«, sagte Jette. »Da sieht sie den Prinzen von Yxness den ganzen Tag!«

Wirklich kam ein paar Tage später eine Kutsche hinter vier Pferden gefahren, darin saß eine bezaubernde Prinzessin. Bei Jette ließ sie halten. »He du!«, sagte sie. »Der Prinz lacht immer so albern – ist er sehr hinter den Weibern her?« »Nicht dass ich wüsste«, sagte Jette. »Aber fröhlich ist er. Die meisten können ihn gut leiden!« »Dachte ich mir's«, zischte die Prinzessin. »Das werd ich ihm schon austreiben!« »Du musst noch etwas wissen!«, rief Jette. »Er hat einen bunten Vogel. Der sieht dich an und weiß alles über dich!« »Pah«, rief die Prinzessin und gab das Zeichen weiterzufahren. »Ein Vogel – dass ich nicht lache!«

Am Hofe gab es einen großen Empfang, alle fanden die Prinzessin wunderbar, auch die Eltern waren mit der künftigen Schwiegertochter zufrieden. Als aber der Prinz ins Bett ging, da sprach der bunte Vogel: »Sie ist sehr hübsch, aber zänkisch und eifersüchtig. Sie wird dich und das Land leiden machen!« Der Prinz dachte nach und sagte: »Gut. Dann schicken wir sie weg. Einen winzig kleinen Zweifel hatte ich auch!« Die Prinzessin fuhr wütend ab.

Im Märchen kommen noch weitere Prinzessinnen angerollt.

Die letzte Prinzessin war besonders schlau. Als sie von dem bunten Vogel hörte, sagte sie nicht: »Pah!«, sondern tauschte mit Jette die Kleider. Sie kannte ihre schwachen Seiten und wollte sie nicht offenbaren. So ging Jette statt ihrer zum Fest:

Die Gäste waren von diesem Mädchen im Prinzessinnenkleid sehr beeindruckt. Der Prinz tanzte jeden Tanz mit ihr. Als er nach Mitternacht ins Bett ging und der bunte Vogel den Mund auftat, da rief der Königssohn: »Halt den Schnabel! Ich heirate sie! Sie ist lieb und fröhlich, sie hat mein Herz erobert!« »Wenn du sie heiratest, wirst du dich und das Land glücklich machen!« sagte der bunte Vogel. »Sie hat eine Seele, die ist klar wie Quellwasser, einen Verstand wie das helle Licht und schön ist sie als Zugabe! Von dir aber lass ich mir den Schnabel noch lange nicht verbieten!«

▶ In vielen Märchen wird die Liebe behandelt. Schneewittchen, Dornröschen, Aschenputtel – sie alle verlieben sich in einen Prinzen. Der kluge Martin oder der Sohn des Kohlenbrenners kriegen ihre Prinzessin. Wer sich einmal verliebt hat, scheut keine Mühe, den künftigen Schatz zu gewinnen. Liebe macht Arbeit! Jungen und Mädchen zeigen sich von ihrer besten Seite. Man liest dem anderen die Wünsche von den Augen ab. Man überrascht ihn, schenkt ihr etwas – es kann auch ein Lächeln sein!

▶ Widersprüche?
Wie sind Menschen, die zueinander passen? Sprichwörter versuchen eine Antwort zu geben:
Gleich und Gleich gesellt sich gern.
Gegensätze ziehen sich an.

Unser Prinz hatte beim Abschied der vermeintlichen Prinzessin einen goldenen Zopfhalter ins Haar gesteckt. Als er losreiten wollte, die Prinzessin zu holen, kam er an Jette mit ihren Schafen vorüber. »Ich will meine Frau gerade holen!«, sagte der Prinz und stockte plötzlich. Er wurde richtig verlegen und bekam einen roten Kopf. »Drehst du dich mal um, du Schäferin?«, bat er. Jette drehte sich um und der Prinz erblickte in ihrem Haar den goldenen Schmuck. »Du bist es!«, rief er, »deswegen kam es mir vor, als ob ich dich ein Leben lang kenne! Da spar ich mir einen weiten Weg!«
Sie liefen sich in die Arme, heirateten und lebten lange und glücklich zusammen.

▶ Partnersuche heute

Sie – Manuela, Mitte 20/1.58, bildhübsch und schlank und voller Tatendrang. Aus ihren schönen grünen Augen funkelt die Unternehmungslust, ein kleiner Sausewind, der gerne mit dem Motorrad …
und
Er – Deine Antwort ist vielleicht unser Glück. Romantischer, humorvoller, nett aussehender Mann, 37 Jahre, 1.74 m sucht …

---

1. Besprecht, warum der Prinz sein Glück in der Ferne sucht und sich die Jette erst im Prinzessinnenkleid richtig ansieht.
2. Überlegt, ob auch Jette eine gute Wahl getroffen hat.
3. Welche Eigenschaften sollte dein künftiger Partner oder Partnerin unbedingt besitzen, welche nicht? Stelle eine Liste zusammen. Diskutiert anschließend darüber.
4. Im Märchen verliebt man sich und dann folgt eine große Hochzeit. Klärt, ob es auch Formen des Zusammenlebens gibt, die nicht mit einer Hochzeit beginnen?
5. Partnersuche – früher und heute: Informiert euch bei euren Eltern und Großeltern, was sich geändert hat. Was ist gleich geblieben?

Der Mensch ist nicht fürs Alleinsein geschaffen. Zusammenleben ist am schönsten, wenn die Partner einander lieben und vertrauen. Zur Liebe gehört Bewunderung. Man zeigt dem anderen damit, dass man ihn schätzt und mit ihm glücklich ist.

In welcher Familie lebst du?

Vor 100 bis 150 Jahren war sie vor allem unter Bauern und Handwerkern die vorherrschende Familienform: die **Großfamilie**.

In einem Haus lebten Großeltern, Eltern und Kinder zusammen. Manchmal kamen Onkel, Tanten, Vettern oder Kusinen hinzu. Zur Großfamilie gehörten auch die Dienstboten: Knechte und Mägde im Bauernhaus, Gesellen und Lehrbuben beim Handwerker.

Sie wohnten in Kammern und arbeiteten in der Werkstatt, in der großen Stube des Bauernhofes oder auf dem Feld. Der Vater hatte das Sagen, ihm mussten alle gehorchen. Die Arbeit dauerte im Sommer bis zu sechzehn Stunden am Tag. Auch die Kinder halfen mit. Für Unterhaltung und Spaß blieb wenig Zeit. Allerdings wurde für alle Familienmitglieder gesorgt, auch wenn sie alt oder krank wurden. Heute erleben wir meist nur noch bei Feiern unsere Familie als Großfamilie.

Verwandtschaft eine Plage?

(...) Mein liebes Kind, du hast doch eine Familie, nicht wahr? Und daher mußt du wissen, was das ist: Verwandtschaft. (...) Verwandte klucken immer zusammen und wissen alles voneinander. (...) Sie sagen alle: Ach, die Familie! Wenn ich das bloß nicht brauchte! Wie mir das zum Halse herauswächst! Wie mir davor graut! Aber sie nehmen es todübel, wenn einer absagt, (...) Sonntag ist eigentlich nur schön bis morgens zehn Uhr, am schönsten um acht, wenn man sich noch mal rumdrehen und weiterschlafen kann. Aber dann ist es aus. Dann sind wir in Familie. Das geht reihum, weißt du, und man sieht immer wieder dieselben Gesichter und hört wieder dieselben Gespräche und dieselben Stimmen (...) und Blicke werden gewechselt, und todsicher ist natürlich mindestens einer oder eine beleidigt. (...)

Kurt Tucholsky: Das Fotografie-Album (1925)

▶ Der Schriftsteller Kurt Tucholsky hat die Menschen seiner Zeit sehr genau beobachtet. Nicht selten hat er dabei übertrieben, um zum Lachen anzuregen – und zum Nachdenken! Und ihr? Welche Erfahrungen habt ihr mit Verwandten gemacht?

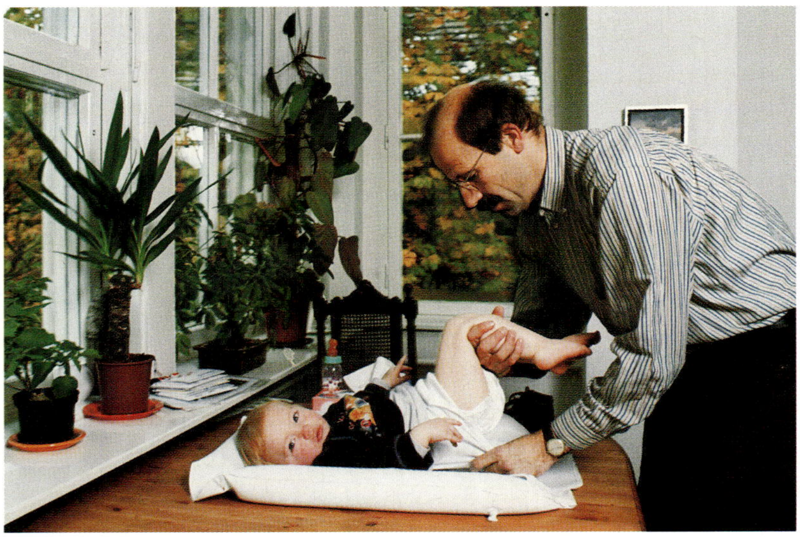

▶ Kinderbrief I

Clara Wieck , später als gefeierte Pianistin sehr bekannt, schrieb als Kind:

Leipzig, den 14. September 1827
Liebe Mutter ... ,
zu meinem Geburtstag bin ich auch beschenkt worden. Von meinem guten Vater hab ich ein wunderschönes Kleid bekommen und von meiner Bertha hab ich ein Aschkuchen, ein Pflaumenkuchen und einen rechten schönen Strickbeutel bekommen. Auch spielte ich ein Konzert aus Es dur von Mozart, was du auch gespielt hast (...)
Deine gehorsame Tochter
Clara Wieck

▶ Kinderbrief II

Brief von Felix K. an seinen Großvater aus dem Urlaub 1997

Lieber Großvater,
viele Grüße aus Mallorca. Das Wetter ist gut. Ich schreibe jetzt alle Karten, weil Mama sich verletzt hat. Sie wollte ein Glas aufmachen. Das ist zersplittert. Sie ist aber nicht zum Arzt. Sie hat ein Pflaster um den Daumen gemacht. Hier ist es toll, vor allem, weil ich lange schlafen kann. Dann frühstücken wir.
Man kann sich nehmen, so viel man will. Meistens gehen wir an den Strand, aber nur vormittags.
Wir haben uns Fahrräder geliehen. Ich habe ein geiles Bike mit dicken Stollen und 21 Gängen. Gestern sind wir einen Berg hochgeklettert, weil wir einen Weg abkürzen wollten. Da mussten wir die Räder tragen. Aber wir haben zehn Kilometer gespart.
Es grüßt dich dein Felix

Kernfamilie. Inzwischen sind selbst auf dem Bauernhof Wohn- und Arbeitsräume getrennt. In der Stadt arbeiten Frauen und Männer im Betrieb oder im Büro. Familien sind kleiner geworden. Großeltern haben meist eine eigene Wohnung. Eltern und Kinder wohnen in einer anderen Wohnung. Sie mögen und helfen sich untereinander – meistens.

Das Bild der Familie verändert sich weiter. Zunehmend leben Männer und Frauen eine Weile unverheiratet zusammen um zu erproben, ob sie miteinander auskommen. Haben sie ein Kind, so sind sie Familien auf Probe. Wenn sie miteinander größere Schwierigkeiten haben, trennen sich manche Erwachsene. Sogar wenn Paare verheiratet sind, kommt es zu Scheidungen. Wenn sie wieder heiraten, bringt der neue Partner gelegentlich Kinder aus einer früheren Partnerschaft mit.

Ein-Eltern-Familie. Eine Frau oder ein Mann mit einem oder mehreren Kindern, die zumindest vorübergehend ohne Partner leben. In einer solchen Familie muss man sich die Pflichten besonders gut aufteilen, damit niemand überlastet wird.

Restfamilie. Die Eltern leben, nachdem ihre Kinder ausgezogen sind, wieder allein. Meist haben sie Kontakt zu den Haushalten ihrer Töchter oder Söhne. Wenn die Eltern in der Nähe ihrer erwachsenen Kinder wohnen, betreuen sie häufig ihre Enkel.

Partner ohne Kinder. Zwei Menschen leben zusammen. Manchmal können sie keine Kinder bekommen, manchmal wollen sie es nicht.

Kinder ohne Eltern? Sind die Eltern gestorben oder nicht fähig gewesen, ihre Kinder zu erziehen, dann sucht das Jugendamt Verwandte oder Pflegeeltern, die die Kinder wie eigene Kinder annehmen – meist gegen ein Pflegegeld. Gelingt das nicht, so leben solche Kinder in Heimen.

▶ Kinderbrief III

E-Mail von Anemone Z., 12 Jahre, vom Ferienlager auf dem Mars, 2022 an ihre Freundin:

Liebe Pauline!
Gestern haben wir Raketenschrott gesammelt. Du glaubst nicht, wie viel Reste im Weltall herumschwirren! Die Sonnenuntergänge sind hier toll. Gestern hat Joe versucht, mich zu küssen. Glaubst du, dass man einen vom Sirius lieben kann? Er hat drei Augen ...
Deine Anemone

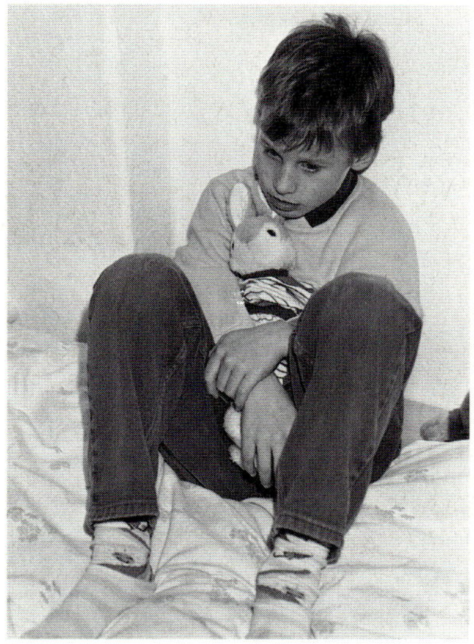

1. Vergleicht die Kinderbriefe: Was haben sie gemeinsam, was unterscheidet sie? Schreibt ihr auch Briefe?
2. In welcher Familienform lebst du? Finde die Familienform deiner Eltern und Großeltern heraus, in der sie als Kinder gelebt haben. Was hat sich verändert?
3. Falls deine Eltern einverstanden sind: Schreib einmal auf, wie deine Verwandten, die du selbst kennst, bezeichnet werden.

Familien sind kleine Gruppen, in denen Eltern und Kinder miteinander leben. Die Erwachsenen sorgen für ihre Kinder; sie erziehen sie aber auch; später können die Kinder selbst eine Familie gründen. Jeder in einer Familie hat Pflichten und Rechte. Wenn sich Familienmitglieder gegenseitig lieben und fest zusammenhalten, ist das Glück (fast) vollkommen.

Jeder wie er will?

Vorschriften für den Straßenverkehr füllen ein ganzes Buch. Verkehrsregeln sollen verhindern, dass es zu Unfällen kommt.
Von jeher haben Religionen* und Kulturen Gebote und Verbote hervorgebracht. Menschen wollen ihr Zusammenleben regeln, weil sie darin Vorteile für ihr Alltagsleben sehen. Zu den bekanntesten Regeln, die die meisten Völker untereinander verbindet, gehört die Goldene Regel:
Was du nicht willst, das man dir tu, das füg auch keinem andern zu.
So gibt es bei uns Regeln: einige gelten für das ganze Land, andere in einer Stadt, manche nur in einer Familie. Je mehr Menschen zusammenleben, um so mehr Regeln brauchen sie.
Bestimmt findet ihr heraus, wer auf den Fotos welche Regeln verletzt.

▶ Regeln für Kinder von früher:
– Immer einen geraden Scheitel tragen.
– Erwachsene stets zuerst grüßen.
– Bei Begrüßung einen Diener (Jungen) oder einen Knicks (Mädchen) vor Erwachsenen machen.
– In der Bahn oder im Bus stets vor Erwachsenen aufstehen und seinen Platz anbieten.
– Mit der Rede warten, bis man gefragt wird.
– Jungen tragen Hosen, Mädchen Röcke.
Und heute?

Einfach kaufen?

Clara hat neulich bei ihrer Freundin den Paul gesehen. Er schnuppert mit seiner rosa Nase, macht Männchen und frisst Möhren, dass es nur so schnurpst.
Zu Hause bettelt sie: »Ich will auch ein Meerschweinchen. Die Mutter schlägt es ihr ab. Clara heult sich bei Jacki, ihrer großen Schwester, aus. »Frag doch nicht erst!«, sagt die. »Kauf dir eins! Wenn es da ist, ist's da!« »Ich hab aber kein Geld!« »Ich borg dir zehn Mark. Darfst aber nicht sagen, von wem sie sind!«
Clara stürzt zur Zoohandlung. Geschlossen. Am Abend sieht Mutter den Schein in Claras Tasche. Woher kommt er? »Mein Geld. Aus der Sparbüchse!« – »Wer soll denn den Zehner hineingesteckt haben?« »Hab ich gefunden!« Clara gerät ins Stottern, die Mutter zieht den Schein ein, die Schwester verdreht die Augen: »Ist die Clara dämlich!«

▶ Auch in Familien gibt es Regeln. Hier stellen wir euch zwei Situationen vor:
Wie würdet ihr sie lösen?

Hauptsache, es merkt niemand?

Anton und Felix, die Zwillinge, sind schon zwölf. Aber sie müssen neunzehn Uhr dreißig ins Bett hopsen. Die Eltern sind müde vom Tag. Sie wollen Zeit für sich haben und sich erholen.

Noch vor einem halben Jahr gingen die Zwillinge sogar eine halbe Stunde früher ins Bett. Diese halbe Stunde Aufbleiben haben sich die Eltern abringen lassen.

Anton und Felix finden das trotzdem noch zu früh. Mit Mutter kämen sie ja überein. Aber Vater ist unerbittlich. »Ich musste früher auch um sieben ins Bett! Punktum!« Deswegen haben sie Taschenlampen beschafft. Wenn ihnen danach ist, lesen sie – aber unter der Bettdecke. Ihr Kinderzimmer hat nämlich eine Glasscheibentür. Manchmal kriechen sie auch zusammen und hören Radio, ganz leise. So bleiben sie öfter bis elf oder zwölf Uhr abends auf.

▶ Nach Meinung von Erziehern haben Kinder, die allein aufwachsen oder viel allein gelassen werden, es schwerer, Regeln des Zusammenlebens zu begreifen und einzuhalten. Sie nähmen häufig zu wenig Rücksicht auf andere.
Diskutiert diese Ansicht.

1. Wie würdet ihr euch an Claras Stelle verhalten? Findet eine Regel, die solchen Ärger verhindert.
2. Notiert die Zeiten, zu denen die Mädchen und Jungen eurer Klasse schlafen gehen müssen. Fügt in einer zweiten Spalte hinzu, ob ihr dann wirklich schlaft oder euch heimlich beschäftigt.
Wie heißt die Regel, nach der Anton und Felix handeln?
3. Nennt Beispiele, wo in eurer Umgebung die Goldene Regel eingehalten oder verletzt worden ist?

Es gibt im Familienleben einige Regeln. Wenn ihr unsicher seid, welche es sind, könnt ihr eure Eltern fragen. Regeln werden nämlich meist von den Eltern aufgestellt. Über einige Regeln können Eltern und Kindern miteinander verhandeln.

Familie in Nöten

Donnerstag, 20. November 1997

In der ersten Stunde fragt mich mein Mathelehrer, warum ich dauernd gähne, ob ich mich hinlegen möchte. Die anderen Schüler lachen, aber ich finde es nicht witzig. Was wäre, wenn sich deren Eltern die ganze Nacht hindurch angebrüllt hätten! Es stimmt was bei uns zu Hause nicht. Alle sind so verspannt. Glücklicherweise kriegt Benno nichts mit. Mit sieben schläft man noch fest – mit zwölf wohl nicht mehr. Ich bin so müde und habe Angst.

Samstag, 29. November 1997

Mama und Papa sagten mir heute, sie verstehen sich nicht mehr. Sich nicht mehr verstehen?! Was heißt das? Sie sind doch verheiratet! Verstehen sie denn auch nicht, dass sie doch zusammen gehören? Wir gehören zusammen – meine Eltern, Benno und ich: eine Familie.

Dienstag, 16. Dezember 1997

Papa ist aus unserer Wohnung ausgezogen; er versucht mich zu trösten, aber ich glaube ihm nichts mehr. Bin sauer auf ihn. Auf Mama auch. Sie sind beide doof. Wie sie sich benehmen! – Ich kann mich auf sie nicht mehr verlassen!

Und das Versprechen? Ich erinnere mich – war letztes Jahr auf der Hochzeit meiner Kusine. Hab's mit eigenen Ohren gehört: »Bis der Tod uns scheidet.« Sie haben es einander versprochen – Mama und Papa wohl auch mal. Haben sie es vergessen? Ist es ihnen jetzt egal?

Mittwoch, 7. Januar 1998

Wo steckt denn Mama? Das Abendessen kann nicht noch mal aufgewärmt werden und sie ist noch nicht da. Wir essen Nudeln bis zum geht nicht mehr! Soll ich Benno schon wieder ins Bett bringen?! Er will nicht und hockt nur vorm Fernseher rum. Als ob ich selber nichts zu tun hätte, geschweige denn meine Mathe-Hausaufgaben. Seitdem die Mama Überstunden im Krankenhaus machen muss, ist alles durcheinander.

Samstag, 31. Januar 1998

Langsam habe ich die ganze Geschichte satt: Bin zu Papas Wohnung hinausgefahren. Habe mich auf den neuen Film gefreut; endlich mal wieder mit ihm alleine ins Kino gehen! Auf seiner Tür habe ich nur einen Zettel gefunden: »Tamara – ist was dazwischen gekommen. Aufgeschoben ist nicht aufgehoben.« Abends hat er mich angerufen – er ist mit Freunden in eine Kneipe gegangen. Weiß er eigentlich, dass auch die Mama immer öfters ihr Bierchen trinkt?

Mittwoch, 4. Februar 1998

Mama hat heute schon wieder verschlafen! Sie kommt zu spät zur Arbeit und ich verpasse die erste Stunde – das ist nicht in Ordnung: Abends lässt sie sich volllaufen und morgens kriege ich den Ärger. Ich muss unbedingt mit Mama darüber sprechen. Ob sie sich von mir was sagen lässt? Ich komme mir vor, als ob ich plötzlich ihre Mutter bin.

▶ Tamaras Eltern trennen sich – nach 14 Jahren Ehe. Tamara kann es zunächst kaum glauben. Wie soll sie damit fertig werden? Ihr Leben verändert sich sehr. Auf dieser Doppelseite findet ihr Auszüge aus Tamaras Tagebuch: was auf sie zukommt und welche Schwierigkeiten sie bewältigen muss.

Meine Welt klappt zusammen, wenn ich nicht ständig aufpasse: heißt das Erwachsensein? Ich brauche doch meine Mutter!

Dienstag, 17. Februar 1998

Dreizehn. Am Wochenende werde ich dreizehn. Aus mit meiner Kindheit? Egal – sie ist so oder so vorbei. Ich weiss, ich soll mich doch freuen, aber im Moment habe ich keine Lust. Wenn ich daran denke, dass Mama und Papa mit Benno und mir gemeinsam wegfahren wollten, bin ich ziemlich enttäuscht. Die Familienreise ist natürlich längst abgesagt worden. Bisher haben wir Geburtstage immer zusammen gefeiert – und nun ausgerechnet mit dreizehn nicht mehr?

Freitag, 20. Februar 1998

Mama schlägt vor, zum Geburtstag könnte ich ein paar meiner Freunde zu uns nach Hause einladen; es soll Himbeertorte geben, mein Lieblingskuchen – außerdem Videos, Musik und Tanzen. Auch Christian hat zugesagt. Ich hoffe, dass ich nicht zu nervös sein werde. So langsam freue ich mich doch …

▶ Auch heutzutage heiraten viele Liebespaare und wollen solange zusammen bleiben, »bis der Tod uns scheidet«.
Dennoch: Ein dauerhaftes Zusammenleben scheint immer schwieriger zu werden. In Deutschland zerbricht durchschnittlich jede dritte Ehe, in Großstädten wie Berlin, Erfurt, Leipzig und Magdeburg sogar jede zweite Ehe.

1. Vergleicht die Situation der Familie in Tamaras Tagebuch mit den hier gezeigten Abbildungen.
2. Tauscht euch darüber aus, ob ihr Kinder kennt, die in einer vergleichbaren Situation wie Tamara sind oder waren.
3. Überlegt, wie Tamara trotz ihrer Nöte einen glücklichen Geburtstag erleben könnte.

Leben in der Familie ist nicht immer automatisch angenehm und schön. Wenn eine Familie zerbricht, entstehen große Belastungen. Mit Liebe und Geduld kann manchmal das Schlimmste verhindert werden.

Anerkennung finden

Die Turnschuhe

Gerd solle sich schon mal informieren, hatte Mutter gesagt, da er ohnehin zum Zahnarzt gehen müsse. Als er in den Sportladen trat, fiel sein Blick sofort auf die Schuhe auf dem Mittelständer. Sie sahen toll aus. Als er sie anprobierte, passten sie, legten sich weich an den Fuß an. So was kriegt man nur von True Supreme, sagte er bei sich. »Was kosten sie?«, fragte er den Verkäufer. »180.« – »Einhundertachtzig!«, wiederholte Gerd erschrocken. »Ein paar Mark kosten die schon. Du kannst dir ja auch ein paar andere Schuhe ansehen.« Der Verkäufer wandte sich einer jungen Dame zu, die einen Aerobic-Anzug kaufen wollte. Gerd schaute ein wenig herum, probierte auch andere Schuhe an. Die waren billiger, passten auch, aber irgendwie war es nicht dasselbe. Er träumte vor sich hin, wie die anderen aus seiner Klasse gucken würden. Als seine Mutter ihn am Abend fragte: »Hast du dich umgesehen und anprobiert?«, nickte er und nannte den Namen. »Waren das die Einzigen?« Er zögerte, schluckte. Eilig, wie Mutter war, hatte sie schon mit der Zubereitung des Abendessens begonnen. Sie hörte gar nicht mehr richtig hin und sagte nur noch: »Schreib sie mir auf. Ich gehe morgen nach der Arbeit an dem Laden vorbei..«

Als der Verkäufer auf sie zukam, kramte sie in ihrer Handtasche, fand – natürlich! – den Zettel nicht und sagte schließlich etwas atemlos, sie solle für ihren Sohn ein Paar Turnschuhe kaufen, Größe 41. Der Verkäufer starrte sie ratlos an: »Was für Schuhe? Meinen Sie vielleicht Hallenschuhe, oder soll es für draußen sein? Asche, Asphalt, Waldboden?« – Sie dachte einen Augenblick nach. »Nein, nicht speziell. Mein Sohn ist manchmal draußen und manchmal in der Halle.« – »Solche Schuhe gibt es nicht mehr. Die Sportentwicklung ist da weiter gegangen: viel perfekter, leistungsbezogener, gesünder, eleganter geworden. Heute haben Sie Schuhe für drinnen und für draußen, Hallenschuhe, Tennisschuhe, Basketballschuhe.«

▶ Hobbys und Wünsche von Kindern und Jugendlichen sind mittlerweile sehr teuer.
Dies führt dazu, dass das Taschengeld nicht mehr ausreicht und viele Schülerinnen und Schüler täglich nebenher arbeiten.

Mutter schaute den Verkäufer verblüfft und auch verärgert an: »Muss man sich dann ständig umziehen?« Der Verkäufer wusste nicht recht, was er von der Bemerkung halten sollte, entschied sich dann für überlegene Geduld. »Sehen Sie hier, das ist ein typischer Laufschuh für außen, luftgefedert, luftdurchlässig, starke Profilierung, griffig, geländetauglich, aber nicht für die Halle geeignet. Das können Sie ja wohl selber erkennen?«

Irgendwie ließ es sich nicht leugnen. Unschlüssig, was sie machen sollte, überlegte Mutter, was sie tun sollte. Schließlich hatte sie eine Idee. »War nicht gestern ein Junge hier, der ein paar Schuhe anprobiert hat.« – »Klar«, sagte der Verkäufer, »nicht nur einer.« – Mutter beschrieb Gerd.– »Ja«, sagte der Verkäufer, »der hat ein paar anprobiert und wollte schließlich, soweit ich mich erinnere, die hier haben.« Er zeigte auf die True Supreme. »Was kosten die denn?« – »180.« –Mutter seufzte kurz, schaute die Schuhe an, dann sagte sie: »Sie erinnern sich nicht genau?« – »Nein.« sagte der Verkäufer, der gleichzeitig noch abkassieren musste. »Gut, dann frage ich meinen Sohn und schau die nächsten Tage noch mal rein ...«

Wieder zu Hause kam Gerd ihr schon entgegen. Er sah enttäuscht, dass Mutter nichts mitgebracht hatte. Stattdessen fragte sie ihn: »Sag mal, was hast du dir eigentlich bei den Schuhen gedacht?«

▶ Viele Schülerinnen und Schüler verschaffen sich Anerkennung: durch besondere Anstrengungen im Sport, in den Schulfächern, durch ihre Musikalität oder durch die Fähigkeit, Witze zu erzählen. Einige sind beliebt, weil man sich auf sie verlassen kann.
Doch sind solche Leistungen nicht so gut sichtbar. Sichtbar sind Artikel, die man sich kaufen kann – möglichst mit so genannten Markennamen. Durch sie kann man etwas Besonderes werden, ›in‹ sein. Bald jedoch gibt es wiederum einen Modewechsel ...
Um ihre (ihre?) Wünsche befriedigen zu können, sind viele am Ende wieder da, wo sie schon waren: beim Arbeiten für die nächste Welle.

1. Stellt in einem Rollenspiel dar, wie das Gespräch zwischen Gerd und seiner Mutter weitergehen könnte.
2. Beschreibt Gerds Verhalten.
3. Überlege, wie du dich in dieser Situation verhalten würdest und nenne deine Gründe.
4. Auf welche Weise versuchst du Anerkennung zu erlangen?

Eins zu null für Bert

Es wird gleich regnen, denkt der Junge mit dem Kinderwagen. Gott sei Dank wird es gleich regnen. Dann trainieren sie nicht, dann wird es nicht auffallen, wenn ich wieder nicht dabei bin. Bert schiebt den Wagen schneller. Vater wird es freuen, wenn ich schon eingekauft habe, überlegt der Junge.

Seit der Vater nur noch Nachtschicht im großen Schacht auf der Zeche als Schachthauer fährt und nachmittags schläft, hilft Bert im Haushalt und achtet auf den Kleinen. Und deswegen kann Bert nicht mehr zum heiß geliebten Fußballspiel in den Fußballklub, deswegen muss er das Training auslassen, und deswegen wird er wieder Ärger bekommen, ganz bestimmt. Aber es geht nicht anders, das weiß Bert. Manchmal bedrängt der Gedanke den Jungen, wie lange das noch gut gehen wird. Was ist, wenn sie sich einen anderen Torwart nehmen, einen, der immer zum Training kommt?

Hinter der nächsten Straßenecke sieht er sie, alle zehn. Ratlos zieht er die Unterlippe durch die Zähne. Jetzt haben sie mich. Jetzt wissen sie, dass ich sie immer belogen habe. Immer, wenn ich nicht zum Training konnte. Alles Mögliche hat Bert als Entschuldigung angegeben: Arztbesuch, Beerdigung. Alles Mögliche, nur nicht die Wahrheit.

»Au!« Bert stöhnt auf. Der Bär hat Berts Arme gepackt und dreht sie ihm nach hinten um. »Sag endlich, was du dir dabei gedacht hast!«

Noch dichter tritt der Bär an Bert heran. »Uns so anzulügen!«

Bert beißt sich auf die Lippen und schweigt. Sie würden ihn doch nicht verstehen. »He, bist du schwerhörig? Wo warst du jedes Mal?« Berts Arm schmerzt. Noch mehr aber verletzen ihn die verächtlichen Blicke der Jungen. Sie zeigen es deutlich. Aus ist's mit dem Klub – vorbei! Alle Lügen waren umsonst. Berts Knie zittern vor Anspannung. Wenn sie doch endlich mit der Prügel anfangen würden! Aber nicht mal das. »Mensch, zisch ab«, sagt jetzt einer. »Bei dir lohnen sich nicht mal Prügel. Wäre reine Kraftverschwendung.«

Gemein schubst einer der Jungen Bert, sodass er gegen den Kinderwagen stößt. Erschreckt wacht der kleine Bruder auf. Verstört schaut er auf die vielen Köpfe über ihm. Dann schreit er los, kräftig und anhaltend. Überrascht verstummen die Jungen und blicken auf das schreiende Baby. Der Bär lässt irritiert Berts Arm los. Bert reibt sich das schmerzende Handgelenk. Der Kleine hat Angst, denkt er. Er spürt sie wie ich, die Feindseligkeiten und die Gefahr. Saubande blöde.

Das Weinen des Kindes wird heftiger, drängender. Hilflos streckt es Bert die Arme entgegen. Der kleine Oberkörper beugt sich weit vor, als suche er durch eigene Kraft in die Nähe des großen Bruders zu kommen. Dahin, wo er sich sicher glaubt, wo er Schutz vermutet.

Einen Augenblick lang zögert Bert. Dann bückt er sich, ohne die anderen eines Blickes zu würdigen, nimmt ruhig den Kleinen auf den Arm

Und du?
Die Schnecke hat ein Haus
ohne Fenster,
der Wiedehopf eine Feder
ohne Hut,
der Teufel einen Pferdefuß
ohne Pferd,
und was hast du?

Christoph Meckel

und drückt ihn zärtlich an sich. Dann gibt er ihm einen Kuss mitten auf die Nasenspitze. »Ganz wie'n Mädchen«, höhnt einer und lacht dazu. Aber die anderen lachen nicht mehr mit. Sie sind still. Nur der Bär sagt etwas. »Halt die Klappe!«, sagt er und ist dann auch so merkwürdig still. Eine eigenartige, plötzliche Stille.

Bert bemerkt sie nicht. Er spürt das nasse Gesichtchen an seinem Hals und eine warme, weiche Hand, die Halt in seinem Haar sucht. Da lächelt Bert. »Sucht euch mal einen anderen Torwart«, sagt er leise, »ich verzichte.“ Entschlossen schiebt er mit der freien Hand den Kinderwagen auf die Gruppe der Jungen zu. Verwundert machen sie Platz.

Ganz fest hält Bert den kleinen Kinderkörper. Schon lange hat der Junge nicht mehr ein so gutes Gefühl gehabt. Er spürt das Gewicht des Jungen kaum. Leicht wie eine Feder scheint er zu sein.

Als die anderen ihn dann einholen, hat Bert das Lächeln noch im Gesicht. Er hört ihre Schritte, dreht sich ruhig um: »Ist was?«

Es dauert eine kleine Ewigkeit, ehe Martin zögernd spricht: »Du könntest den Kleinen ja zum Training mitbringen. Wir passen dann abwechselnd auf ihn auf. Ganz bestimmt. Du kannst dich auf uns verlassen.«

Nun hätte Bert an diesem Tag zum ersten Mal fast geweint. Er holt tief Luft, und seine Schultern heben sich. Dann nickt er, erst schwach, dann immer kräftiger. »In Ordnung«, sagt er, »bis morgen also, zum Training.« Er geht ein paar Schritte und dreht sich noch mal um. »Und den Kleinen bring ich mit.«

Nach Hiltraud Olbrich: Eins zu null für Bert

1. Tauscht euch darüber aus, ob sich die Geschichte – insbesondere ihr Schluss – wirklich so ereignet haben könnte.
Wodurch ist die Wendung eingetreten?
2. Besprecht, ob die Geschichte anders verlaufen wäre, wenn auch Mädchen in der Mannschaft gewesen wären.
Versucht eure Ideen in einem Rollenspiel umzusetzen.
3. Zunächst sind alle Jungen sehr zufrieden mit der gefundenen Lösung: Überlegt aber, mit welchen Schwierigkeiten sie schon beim nächsten Training fertig werden müssen.

Menschen sehnen sich nach Anerkennung. Gern versuchen sie, sich bei anderen irgendwie beliebt zu machen. Wenn Eltern oder Freunde unterschiedliche, vielleicht sogar widersprüchliche Erwartungen an euch richten, könnt ihr in unangenehme Situationen geraten. Ärger und Nachteile für alle Beteiligten sind dann sorgfältig abzuwägen – auch durch Gespräche untereinander. Schwierige Entscheidungen solltet ihr erst danach treffen.

Abgewählt

Während der Ferien im Sommerlager …
»Und nun bilden wir zwei Mannschaften. Wir wählen.« Der Übungsleiter schaut sich einen Moment um, dann ruft er auf. »Mannschaftsführer A: Markus – Mannschaftsführer B: Gernot!« – »Was spielen wir denn?«, brüllen die Sportbegeisterten.- »Fußball!« – »Nicht das schon wieder!«, denken einige, sagen aber lieber nichts. Sie wissen schon, was auf sie zukommt. Und dann geht es in der Tat wie üblich los. Während die Gruppe auf einer Bank sitzt, picken die Mannschaftsführer ihre Spieler heraus. Alle warten gebannt. Wo stehe ich? Wie bei der Klassenarbeit in der Schule, nur sichtbarer. Einige trifft dieses Wählen sehr hart. Langsam sammeln sich die Mannschaften, erst werden die guten Jungs gewählt, dann folgen die besten von den Mädchen, schließlich

▶ Fairness – eine leere Geste?
Vor ein paar Jahrhunderten war der Händedruck keine lauwarme Angelegenheit. Die Ritter mussten nämlich, um jemandem die Hand geben zu können, ihren schweren Panzerhandschuh ausziehen. Ihre Hand war somit für diesen Moment ungeschützt und verletzlich. Mit dieser Geste zeigte man einerseits, dass man selber nichts Böses im Schilde führte und andererseits war es eine Art des Vertrauensbeweises.

folgen die schwachen Jungs. Die restlichen Kinder beäugen sich gegenseitig: »Nur nicht die Letzte sein, nur nicht der Letzte!« Schließlich sitzen nur noch Anja, Gerda, Manfred und Heike auf der Bank. Sie spüren hämische Blicke derjenigen, die kurz vor ihnen gewählt worden sind. Schlimmer noch sind die gleichgültigen, manchmal sogar warnenden Blicke der guten, denen es langweilig wird: »Macht uns nicht gleich das Spiel kaputt.« Ein Witzbold brüllt: »Die können ja die Verletzten abtransportieren – Oder Limo holen.«
Da der Leiter für kurze Zeit nicht anwesend ist und jede Mannschaft dreizehn Spieler hat, sollen zwei aus jeder Mannschaft auf die Reservebank. Klar, an wen sie denken. Anja, Gerda, Manfred und Heike marschieren wieder zur Bank zurück, Manfred hat den Kopf gesenkt. Irgendwo hört man noch eine Stimme: »Die können die Torpfosten festhalten.«

Dann geht's los, die Mannschaften stürmen; doch keiner Seite gelingt ein Durchbruch. Fast ist die Stunde zu Ende, da gibt es auf beiden Seiten die ersten Verletzten. »Mensch kommt!«, brüllen die Mannschaftsführer zur Ersatzbank. Manfred läuft auf den Platz und bekommt auch bald darauf einen Ball zugespielt, aber sein Pass kommt direkt vor die Füße der gegnerischen Mannschaft. Ausgerechnet diesmal gelingt es ihnen, daraus eine Torvorlage zu machen. Der Torwart hält zwar, aber die Gegner erreichen eine Ecke. »Es hätte schlimmer kommen können«, seufzt Manfred.

Am Ende des Spiels marschieren die Mannschaften zusammen zurück. »Hast du gesehen, Manfred, wie ich den Ball gekriegt und wie ich ihn aufs Tor geballert habe?«, fragt Gernot. – »Nö!« – »Mensch, Manni, du hast doch da gesessen, du musst das gesehen haben.« – »Nö!«, sagt Manni.

▶ Höflichkeitsregeln erleichtern den Umgang miteinander und geben Anregungen, was man in einer Situation tun sollte. Wie verlegen sind viele Menschen, wenn sie in einem Land sind, dessen Höflichkeitsregeln sie nicht kennen! Schaut einmal, wie Schülerinnen und Schüler einer Klasse miteinander in einer Klasse umgehen: Wann gibt es regelmäßig Ärger wann macht es Spaß, miteinander zu reden?

1. Versucht einmal, die Mannschaftswahl darzustellen. Beachtet dabei besonders die Augen, die Gesten und die Stimmen der unsportlichen Schüler: Was geht wohl in ihnen vor?
2. Überlegt, wie Markus und Gernot Mannschaftsführer geworden sind. Wie könnte man Mannschaften anders zusammenstellen?
3. Nennt Möglichkeiten, wie sich sportlichere Schüler benehmen sollten, damit die Stimmung in der Gruppe nicht getrübt wird.
4. Erinnert euch an andere Streitfälle: Diskutiert gute Auswege!

Überhebliches Verhalten kann verletzend sein und die Stimmung in der Gruppe stören. Gute Umgangsformen helfen, das Zusammenleben zu erleichtern: Solche Regeln der Fairness lassen sich im gemeinsamen Gespräch herausfinden …

Dein Mut ist gefragt!

▶ Was tun?
Darüber streiten Menschen, seit es sie gibt. Du selbst musst dich immer wieder aufs Neue entscheiden, was du für »gut« oder »böse« hältst – gemeinsam mit anderen. Du kannst wählen: zwischen Hass und Gewalt oder Mitgefühl und Liebe.
Über dem Eingang eines 3000 Jahre alten Tempels im griechischen Delphi steht die Mahnung:
Erkenne dich selbst! Du bist gefragt!

Zuschauen?
Gerd sieht, wie sich zwei seiner Klassenkameraden schlagen. Der Kampf ist unfair. Der eine ist stark, der andere schwach ... Gar nichts tun ...? Wenn man selber stark ist, ist es leicht sich einzumischen. Aber sorgen die, die es könnten, für Frieden? Wenn man aber schwach ist, was dann? Trotzdem sich einmischen? Gute Argumente finden? Die anderen einspannen? Mit den Streithähnen nachher reden? Oder ...?

Wegschauen?
Ich bin spät dran. – Die spielen doch nur. – Schnell vorbeilaufen, dann sehe ich nichts. – Vielleicht schlägt er mich auch. – Andere sollen was tun. Warum tun so wenige, was getan werden müsste?

▶ Horst Hanske berichtete uns im November 1996: *Ich schoss das Bild mit Teleobjektiv, anschließend versuchte ich, dazwischen zu gehen. Der Mann obenauf flüchtete, ich holte ihn kurz darauf ein. Anschließend kam die Polizei. Der andere Mann auf dem Pflaster starb wenige Tage später an den Folgen des Schädelbruchs.*

▶ ERICH FRIED, der selber von den Nazis verfolgt wurde, hat sich Gedanken über das ängstliche Wegschauen gemacht:

Ausweichen

Ich weiß
dass ich oft oder meistens
ausweichen will

Ich weiß auch
dass das verständlich ist
denn ich will leben

Aber ich weiß nicht mehr
ob man leben bleibt
wenn man ausweicht

Zurückschauen
Zwei jüdische Kinder in Warschau, Juli 1941 – niemand hilft ihnen. Deutsche Nazis und ihre Helfershelfer haben zu dieser Zeit längst begonnen, Juden und andere angeblich »minderwertige« Menschen zu quälen und zu ermorden. Geht uns das noch an?

Heute wie damals kommt es vor, dass geschimpft oder geflüstert wird: »Die da oben tun nichts!« oder: »Daran können wir sowieso nichts ändern.« Das stimmt und stimmt doch nicht. Solche Sätze – das Warten auf andere – sind allzu bequem.
Wenn jeder mit seinen Mitteln das tut, was er kann, ist vielen geholfen. Besser ist deshalb: Aktiv sein … Sich einmischen … Verantwortung übernehmen.

Füreinander da sein

In diesem Kapitel habt ihr euch mit dem Miteinander in Schule, Familie und Freundschaften befasst. Wie sieht es damit in eurer Klasse aus?

Jede neue Klasse ist zunächst nur eine Menge von Schülern – vergleichbar zufällig zusammenkommenden Menschen an einer Bushaltestelle. Auch dort kennen nur wenige einander. Sie reden kaum miteinander, es verbindet sie nur der Wunsch, Bus zu fahren. Euch einte anfangs fast nichts als die Pflicht, die Schule zu besuchen.

Jetzt seid ihr schon längere Zeit beisammen.
Es bilden sich Freundschaften. Immer stärker fühlt ihr euch als Schülerinnen und Schüler der Klasse 5 oder 6. Ihr seid eine Gruppe geworden.
Ihr arbeitet zusammen. Vielleicht seid ihr schon miteinander in die Ferien gefahren. Ihr habt gemeinsame Erfahrungen, ihr kennt einander.
Über jeden habt ihr ein Urteil.

Gruppen haben Vorteile gegenüber dem Einzelnen: Aufgaben können verteilt und schneller erledigt werden. Es kann auch Spaß machen zusammenzuarbeiten. Man entwirft gemeinsame Ziele: eine neue Fahrt ins Landheim, die Einstudierung eines Theaterspiels und so weiter. Das geht nur, wenn eure Klasse gut zusammenhält.

Tipps und Tests

– Sucht euch zwei, drei oder vier der nebenstehenden Tests aus.
– Bildet für jeden Test eine Gruppe und klärt das Problem.
– Stellt das Ergebnis euren Mitschülern vor.
– Bewertet euren Zusammenhalt. Erörtert, ob sich euer Zusammenhalt benoten lässt – als Zensur zwischen eins bis fünf.
– Fallen euch auch Nachteile ein, die von Gruppen ausgehen können?

Test 1

Sprecht darüber, wie viele Schülerinnen und Schüler bei euch zusammenarbeiten. Gibt es Zweier- und Dreiergruppen, die gemeinsam Hausaufgaben lösen? Gibt es Schüler, die schwächeren Mitschülern in einem Fach helfen? Hat jemand von euch einem anderen nach einer Reihe von Fehltagen (z. B. nach einer Krankheit) geholfen, seine Lücken zu füllen?
Wie viele Kinder sind mit anderen befreundet?

Test 2

Stellt euch folgende Situation vor: Ihr möchtet eine Klassenfahrt unternehmen.
Eure Lehrerin hat nach langem Suchen Plätze für alle in einem Ferienheim gefunden. Die Herberge liegt in den Bergen. Alle können zusammen Schi laufen oder es erlernen.
Macht eine Befragung, wer mit der Klasse fahren würde. Gibt es Gründe dafür – Gründe dagegen? Welche Überlegungen sind euch wichtig?

Test 3

In einer Klasse gibt es (fast) immer Schülerinnen oder Schüler, die den Ton angeben. Manche tun es, weil sie etwas gut können. Jemand kann der ›King‹ beim Fußball sein, ein anderer kann mit allen Schülern der Klasse gut umgehen und ist deshalb beliebt. Gute Anführer halten die Klasse zusammen und ermuntern zu gemeinsamem Tun. Manchmal entwickelt sich ein Star zu einem Diktator. Dann hat sich jemand, der sehr stark oder sehr schlau ist, eine kleine Clique geschaffen und terrorisiert die anderen. Solche Tyrannen sprengen die Klassengemeinschaft.

Test 4

In einigen Klassen gibt es »Außenseiter«. Sie beteiligen sich nicht am Klassengeschehen oder fallen unangenehm auf. Überlegt, welche Hilfen ihr anbieten könnt.

Menschen brauchen Menschen

Versucht, Gefühle nur durch Gesten eurer Hände oder einer Hand darzustellen. Fertigt ein Verzeichnis an, was man alles mit den Händen ausdrücken kann.
Überlegt, ob das auch Tiere können und was die menschliche Hand von der tierischen Pfote, Klaue, Pranke, dem Huf oder der Tatze unterscheidet.

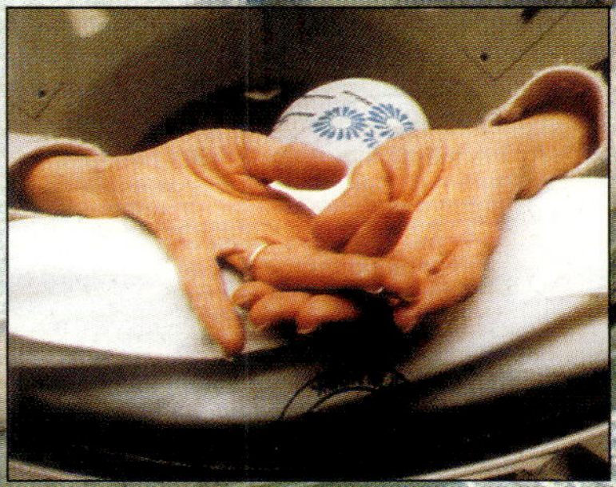

Für das Leben lernen

Tatos erster Büffel

Niemals wird Tato diese Sekunden vergessen. Im Lager war es ruhig. Plötzlich ein Ruf: »Büffel!«. Die Männer des Pawnee-Stammes ritten sofort los. Tato folgte ihnen heimlich auf seinem Pony. Er war ja erst zwölf. Die Indianer näherten sich den Tieren gegen den Wind. Plötzlich schrien die alten Büffel. Die Herde stob davon. Tato geriet zwischen die fliehenden Leiber. Der Staub nahm die Sicht. Wenn er jetzt fiel, würde er zu Tode getrampelt. Er zügelte sein Pony etwas und blieb zurück. Er erblickte einen jungen Büffel, der ihn überholte. Tato hatte zwei Pfeile im Köcher. Er legte einen der armlangen Stäbe auf die Sehne, zielte und schoss. Der Büffel fiel nicht, wurde aber langsamer. Tato griff den letzten Pfeil. Diesmal zielte er noch sorgfältiger. Er traf genau zwischen die Rippen. Der Büffel brach zusammen und überschlug sich. Tato hatte ihn erlegt!

Die Herde war mit den Jägern längst fort, als Tato seine Beute aus dem Fell geschlagen hatte. Mit den besten Fleischstücken machte er sich auf den Weg. Sein Vater würde Augen machen …

Allein aufwachsen?

Am 26. Mai 1828 tauchte in Nürnberg ein junger Bursche auf, der, so schien es, ganz allein und ohne Begegnung mit anderen Menschen aufgewachsen war. Er konnte kaum sprechen, war ängstlich und misstrauisch zugleich und versteckte sich vor den Menschen.

▶ Nestflüchter – Nesthocker
Ein eben geborenes Rehkitz ist ein Nestflüchter: Die Mutter leckt es trocken, es erholt sich ein paar Tage von der Anstrengung der Geburt. Bald rennt das junge Reh seiner Mutter hinterher, um zu äsen oder zu trinken.

▶ Die Blaumeise ist ein Nesthocker: Die Mutter legt rund zehn weiße, rot gefleckte Eier und brütet sie allein aus. Nach dem Schlüpfen werden die kleinen Meisen noch ganze drei Wochen lang von beiden Eltern gefüttert. Schließlich fliegen sie davon.
Und der Mensch? Ist er ein Nestflüchter oder ein Nesthocker?

Kaspar Hauser, wie die Leute das Findelkind nannten, war weitgehend ohne andere Menschen groß geworden. Die Nürnberger hielten ihn wahrscheinlich viele Jahre in einem engen Raum gefangen. Sie gaben ihm bescheidenes Essen und ein paar alte Kleider, sprachen jedoch wenig mit ihm; auch einen Schulbesuch erlaubten sie ihm nicht. Fünf Jahre nach seinem ersten Auftauchen starb der junge Mann an einem Messerstich. Nachdem Hausers Auftauchen in Nürnberg anfänglich viel Aufsehen erregt hatte, wurde es still um ihn. Erst sein Tod gab den Gerüchten neue Nahrung:

Anfangs hatten die Nürnberger angenommen, Kaspar Hauser sei im Wald ausgesetzt und von wilden Tieren großgezogen worden. Bis vor wenigen Jahren hieß es dann, er sei das Kind einer badischen Fürstenfamilie gewesen. Möglicherweise hätten einige mächtige Leute verhindern wollen, dass der junge Mann später selber einmal Landesherrscher wird. Bis heute ist Kaspar Hausers Herkunft nicht völlig geklärt. Noch 1996 haben Forscher einen Blutfleck auf einer alten Unterhose untersucht, um zu klären, woher er stammt. Doch da niemand die Herkunft der Unterhose und des Flecks kennt, ist auch dieser Versuch erfolglos geblieben.

Ähnliche Geschichten erzählt man sich von Kindern, die nicht von Menschen, sondern von Tieren aufgezogen wurden.

1. Tragt die Fähigkeiten zusammen, die Tato sich erworben hat, um für seinen Stamm beinahe als Erwachsener zu gelten.
2. Was würde euch fehlen, wenn ihr wie Kaspar Hauser groß geworden wärt?
3. Erklärt mit Hilfe der Bilder, wie sich Kinder und Jugendliche im Laufe der Jahre verändern und neue Fähigkeiten erwerben.
4. Was muss ein Dreizehnjähriger bei uns heute können? Stellt eine Liste mit Fertigkeiten auf.
5. Wer hat euch geholfen, Wissen und Erfahrungen zu sammeln?
6. Diskutiert die Aussage: »Erwachsene sind Menschen, die nichts mehr zu lernen brauchen, weil sie die wichtigsten Dinge des Lebens längst im Griff haben.«

Menschen brauchen viele Jahre, um selbstständig im Leben zurechtzukommen. Sie benötigen viel an Wissen, mehr aber noch die Fähigkeit, mit Menschen umzugehen. Zu erkennen, was andere Menschen von einem erwarten und was man von anderen Menschen erwarten darf, muss immer wieder neu geübt und gelernt werden. Junge Erwachsene verlassen ihr ›Nest‹ in der Regel erst, wenn sie einen Beruf haben, der ihnen erlaubt, eigenes Geld zu verdienen; viele von ihnen gründen dann auch eine Familie.

Fremd im eigenen Land

Der Fremde

Das alltägliche Leben war in früheren Zeiten viel schwerer als heute. Die Arbeit war vor allem harte Handarbeit und dauerte von Sonnenaufgang bis Sonnenuntergang. Sie ernährte nur wenige Menschen. Es gab Dörfer und Ortschaften, aber nur wenige große Städte. Die Menschen in diesen kleinen Orten kannten einander. Vielleicht liebten sie sich nicht, aber sie wussten von jedem, wo er geboren und was ihm zugestoßen war, ob er als ein guter oder als ein böser Mensch galt.
Ein Fremder wurde in diesen kleinen Siedlungen genau beäugt. Was hatte er hier zu suchen? Wollte er jemandem etwas wegnehmen? Die Menschen verhielten sich Fremden sehr misstrauisch gegenüber. Das zeigen auch alte Märchen:

▶ In Deutschland leben rund 81 Millionen Menschen: Viele von ihnen sind nicht immer Einheimische gewesen, sondern früher einmal aus anderen Ländern zu uns gekommen.

Eines Tages brachten die Jäger des Königs von Enveress einen wilden Mann vor ihren Herrscher. Die Jäger hatten ihn im tiefen Wald entdeckt und nur gefangen, weil sie in der Überzahl waren. Der König ließ einen eisernen Käfig bauen und den Mann einsperren. Anfangs rüttelte er noch an den Gitterstäben, später ging er hin und her. Die Leute kamen und bestaunten ihn. Sie schoben ihm Nüsse oder Äpfel durch das Gitter, um zu sehen, wie er aß. Er war aber zu stolz dazu und warf alles zurück. Nur einem tat er leid – dem jüngsten Prinzen am Hof. Er stand in der Nähe des Käfigs und stellte sich vor, er wäre so eingesperrt wie ein Tier. Er sah die Verzweiflung in den Augen des Fremden. Er wusste, wo sein Vater den Schlüssel verwahrte. Natürlich hatte er Angst: vor dem Zorn des Königs und vor dem Mann im Käfig. Doch in einer dunklen Nacht, als alle schliefen, schlich er sich herbei, steckte den Schlüssel ins Schloss und öffnete die Tür.

▶ Noch heute gelten sieben Millionen Menschen, die unter uns wohnen, als Ausländer. Sie kommen meist aus armen Ländern. Häufig sind auch sie schon vor mehr als dreißig Jahren zugereist: auf der Suche nach Arbeit und einem besseren Leben.
Viele Ausländer nehmen harte und schlecht bezahlte Jobs an; Einheimische würden ihre Arbeiten kaum verrichten.

Heute sind unsere Städte groß geworden: Fast überall leben Menschen verschiedener Herkunft zusammen, aber der »Fremde« gilt manchen immer noch als ein seltsames Wesen. Auch bei uns leben Menschen, die sich fremd fühlen, selbst wenn sie hier geboren sind.

1. Was unterscheidet den Prinzen im Märchen von den anderen Leuten in Enveress?
2. Besprecht, warum Menschen in einem anderen Land leben wollen oder müssen.
3. Tauscht euch aus, woher die einzelnen Kinder eurer Gruppe kommen. Worin unterscheidet und worin gleicht ihr euch?
4. Erinnere dich, wann du dich fremd fühlst und wann heimisch.
5. Fragt eure Eltern, warum sie in Deutschland leben. Überlegt, wo ihr am liebsten wohnen möchtet.

Lange Zeit herrschte der Eindruck vor: Menschen, die in einem Land wohnen, haben eine gemeinsame Kultur*, eine gemeinsame Sprache und ein zusammenhängendes Gebiet, wo sie wohnen. Dies stimmt heute weniger denn je. Autos und Flugzeuge sorgen dafür, Menschen in wenigen Stunden zusammen zu bringen: als Touristen, Geschäftsleute oder Arbeitnehmer – aber auch als Flüchtlinge oder Vertriebene. Bald wird es in ganz Europa einheitliche Geldscheine und -münzen geben. Alte Grenzen verlieren zunehmend an Bedeutung. Unsere Erde wird mehr und mehr zu einem großen Dorf. Ob Menschen unterschiedlicher Herkunft auf Dauer friedlich zusammen leben können? Auch du bist gefragt, daran mitzuwirken: in deiner Schule, in der Nachbarschaft, an deinem Wohnort.

▶ Ich bestehe darauf

deutschland war zuerst dein
dann kam ich her
als türke

wir haben es gemeinsam aufgebaut
wir beide
ich schlug hier wurzeln
deutschland wurde unser
und nenn mich nie mehr:
»Ausländer!«

wenn doch
bist du krank bruder

begreif:
du deutscher
ich türke
doch wir sind beide schon von hier
deutschland gehört uns
ich bestehe darauf

Nach Mehmet Özata, 1993

Streiten will gelernt sein

Mama, Helmut und Marion sind eine Familie. Der Vater ist schon früh abgehauen, lebt in Schweden, schickt manchmal Geld, lässt sich aber nicht blicken. Die Mama hätte schon gern einen neuen Mann. Zweimal hat sie den Kindern einen vorgestellt, die sind aber bei ihnen durchgefallen. Da hat auch Mama nicht darauf bestanden. Bei dem dritten aber fragt sie nicht. Er kommt einfach, um die Mutter abzuholen und mit ihr auszugehen. Auch noch ein Herr Mondschein! Da klingelt es schon.

Ja, wenn Helmut nicht seine guten Ideen hätte: Im Handumdrehen beschließt er, den Herrn Mondschein rauszuekeln. Wie macht er das? Er beschmiert Marion und sich selber mit Senf, Ketschup und Schokoaufstrich, besudelt die Tischdecke, verstreut Haferflocken und Zucker auf dem Boden; dies alles passiert, während Mama im Bad ist, um sich schön zu machen.

Warum macht Helmut das? Er will einen Streit vom Zaun brechen. Natürlich, so hofft er, wird die Mama fauchen und sich selber bei Herrn Mondschein blamieren. Vom verschmierten Helmut und der zersausten Marion hat dieser wahrscheinlich ebenfalls die Nase voll. Er wird zu Mama sagen: »Mit diesen dreckigen Gören kannst du mich nicht besuchen!«

Aber Helmut hat nicht mit der Macht der Liebe gerechnet: Herr Mondschein sieht die drei an, lacht und lädt die Kinder ein, mit ins Restaurant zu gehen. Und dann sagt er noch: »Dass wir uns richtig verstehen: Ich nehm euch eure Mama nicht weg. Höchstens nimmt mich die Mama dazu. Wenn sie mag … – Das bestimmt wahrscheinlich ihr zwei, ob sie mag, oder?«

▶ Diese Geschichte könnt ihr ausführlicher im Original nachlesen:
Evelyne Stein-Fischer, Aufgenommen!
In: 13 Geschichten vom Liebhaben, dtv-junior

▶ Schimpfreden aus Büchern

»Wohastedasgeldgestohlen? Sagdiewahrheit! Ehedie Polizei kommt!«
Aus James Krüss: Timm Thaler

… »Verräter!«, rief sie. »Verflucht seist du und das, was du Nangijalas Tälern angetan hast!«
Aus Astrid Lindgren: Die Brüder Löwenherz

»Wir wollen ihn ins Meer werfen!«, rief einer der Räte dazwischen.
»Er hat unsere Häuser zerstört, er wollte uns alle vernichten. Jetzt soll er sterben!«
Aus Irina Korschunow: Tötktök und der blaue Riese

Die folgenden Tipps wollen helfen, einen Streit ohne Verletzungen auszutragen.
– Sei beharrlich, umso mehr, je wichtiger dir die Sache ist. Lass dich nicht gleich umstimmen. Bleibe erst einmal bei deiner Meinung und bringe alle Argumente vor, die dir einfallen.
– Hör gut zu beim Streit. Geh nicht auf alles ein, was dein Gegenüber vorbringt, sondern nur auf das, was zum Thema gehört. Fall nicht auf Beleidigungen herein; die gehören nicht zur Sache. Vielleicht möchte einer mit Beleidigungen auf eigene Ängste aufmerksam machen.
– Ein Streit hat drei mögliche Ausgänge: Entweder behält einer Recht, es bekommt keiner Recht oder beide einigen sich auf einen Ausgleich. Ein solcher Kompromiss ist immer am besten, weil beide etwas dazu getan haben. Es gewinnt nicht der Stärkere, nicht der Klügere. Es gewinnen beide.

▸ Streiten lernen
Hirsche müssen das Streiten nicht lernen. Sie kennen nur ein Programm: Sie rennen aufeinander los – solange, bis einer liegen bleibt oder die Flucht ergreift.
Bei dieser Methode hat immer der Stärkere recht.
Menschen müssen nicht zur Gewalt greifen. Sie können mit Worten streiten. Streit kann notwendig sein, um Konflikte auszutragen.
Aber selbst Worte können wehtun!

1. Überlegt, wie Helmut und Marion friedlich ihre Sorgen hätten ausdrücken können.
2. »Worte können wehtun«: Findet dafür Beispiele und beschreibt den jeweiligen Schmerz.
3. Überlegt euch Situationen, wo ihr in einen Streit geraten seid. Ihr könnt in Kleingruppen einen solchen Streit einüben und vor der Gruppe nachspielen. Die anderen sind Schiedsrichter und machen anschließend Vorschläge, was ihr beim Streiten besser machen könnt.

Ein Mensch wie du ist das einzige Lebewesen, das mit Verstand reden kann. Das ist deine große Gabe und deine große Chance; du solltest sie nicht durch Schimpfen oder durch Schläge vertun.

Menschen, die es schwer haben

Starke Jungs?

Frank Singer und Peter Zahn waren die stärksten Jungs der Klasse. Und sie hassten einander wie die Pest.

Frank war ein groß gewachsener, hübscher Junge, dem die Mädchen verstohlen hinterher blickten. Er hatte wohlhabende Eltern und deswegen gehörte ihm das tollste Mountainbike, ein eigenes Reitpferd und es war absehbar, dass er bald ein scharfes Motorbike besitzen würde. In Sport war er der Beste. Die Mannschaft, in der er mitspielte, gewann; niemand schlug ihn beim Laufen oder im Turnen. Nur im Zweikampf, im Ringen oder Boxen musste Frank anerkennen, dass Peter stärker war.

Peter war einfach ein Koloss von Junge, den so leicht kein Schlag erschütterte. Er spielte auch Fußball, aber als Torwart: Da musste er nicht laufen und füllte das Tor so aus, dass kein Ball hineinpasste. Aber Peter hatte ein Handikap: Seine Eltern waren arm. Er hatte keine Klabilas- oder Drehbook-Schuhe, kein Borussia-Hemd – es war alles ziemlich ärmlich, was er auf dem Leib hatte. Er war auch maulfaul und hatte nur wenige Freunde.

Die Clique, die Frank anführte, lästerte über Peter. Natürlich nicht zu laut, dazu war sein Schlag zu derb.*

Aus den großen Ferien kam Frank zunächst nicht zurück. Es hieß, er sei bei einem Autounfall verletzt worden und liege im Krankenhaus. Als er ein dreiviertel Jahr später wieder auftauchte, erstarrte die Klasse: Franks hübsches Gesicht samt der Kopfhaut war eine Narbenmaske. Er saß im Rollstuhl, lächelte schief und sagte leise: »Hallo!« Er mied seine früheren Freunde. Seltsamerweise verhielten sich die meisten

▶ Behinderte unter uns

In jedem Geburtsjahrgang kommen von einhundert Babys etwa drei behindert zur Welt.
Allein 1996 sind davon vierundzwanzigtausend Kleinkinder betroffen.
Ärzte unterscheiden körperliche und geistige Behinderungen; hinzu kommen auch Sprach-, Seh- und Hörbehinderungen.

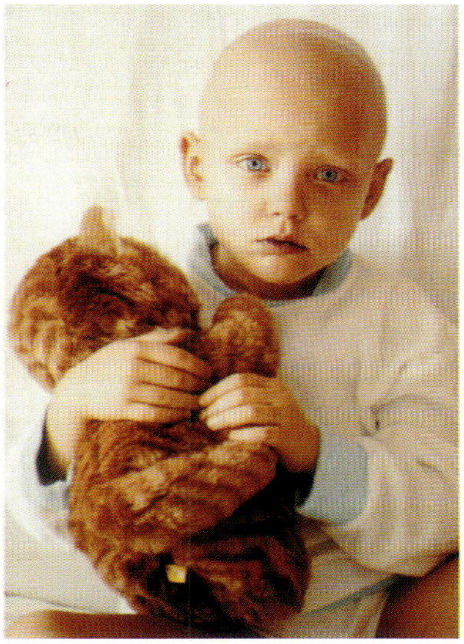

seiner alten Clique so, als ob er eine ansteckende Krankheit hätte. Sie hielten sich von ihm fern. Er war nicht mehr der Star der Klasse, er musste froh sein, wenn einer mit ihm redete …

Helen Keller

Im Säuglingsalter befiel die Amerikanerin eine Art »Hirnfieber«. Danach war sie taub und blind; viele hielten sie für geistig behindert. Die zwanzigjährige Lehrerin Anne Sullivan schaffte es, die Dunkelheit und Stille, in der sich das Kind befand, zu durchbrechen. Schnell lernte sie die Bedeutung der Wörter. Als Helen Keller zehn war, begann sie zu sprechen; später ging sie auf die Hochschule und erwarb ein Diplom. Durch ihr aktives Eintreten für Behinderte machte sie vielen Menschen Mut zum Leben.

1. Wie könnte die Geschichte von den starken Jungs weitergehen? Schreibt sie zu Ende.
2. Schaut, ob Menschen in eurer Umgebung Behinderungen haben und welche es sind.
3. Diskutiert, warum sich gesunde Menschen manchmal vor Behinderten scheuen.
4. Vielleicht könnt ihr eine Behindertenwerkstatt aufsuchen und von Betroffenen erfahren, wie sie mit ihrem Leid fertig werden.

Unter uns leben zahllose Menschen, die auf irgendeine Weise behindert sind oder durch Krankheit zunehmend beeinträchtigt werden. Behinderte Menschen verlangen nicht mehr und nicht weniger als andere Menschen: Rücksicht und Freundlichkeit.

▶ Helen Keller über ihre Lehrerin Annie, die ihr das Wort Wasser beizubringen versuchte und dazu Helens Hand ins fließende Wasser hielt:

Während der kühle Strom über eine meiner Hände sprudelte, buchstabierte sie mir in die andere das Wort ›Wasser‹ – zuerst langsam, dann schnell. Mit einem Male durchzuckte mich eine nebelhafte, verschwommene Erinnerung, ein Blitz des zurückkehrenden Denkens und das Geheimnis der Sprache lag plötzlich offen vor mir.
Ich wusste jetzt, dass »Wasser« jenes wundervolle, kühle Etwas bedeutete, das über meine Hand strömte.
Jedes Ding hatte eine Bezeichnung.
Es dürfte schwer gewesen sein, ein glücklicheres Kind als mich zu finden.

Vorbilder

Lukas und sein Großvater

Im Winter ging Lukas mit Großvater zum Angeln. Er bekam eine eigene Schnur aus Pferdehaaren und einen Köderfisch und dachte noch einmal an alles, was ihm Großvater über die Fische erzählt hatte. Die Schnur fasste er lose zwischen Daumen und Zeigefinger, ließ den Köderfisch ins Eisloch gleiten und wartete. Leise zuckte es. War es der Köder?

Aber dann glitt ihm die Schnur schnell durch die Hand, und er wusste, das war ein Anbiss. Es dauerte lange, bis die Schnur für einen Augenblick zur Ruhe kam. Dann wurde sie weiter von der unsichtbaren Kraft unter Wasser gezogen. Besorgt sah der Junge, wie Schlaufe um Schlaufe der Schnur ablief. Er reißt mir die ganze Leine weg, dachte der Junge. Ich muss bald anschlagen. Er drehte die Schnur zweimal um seinen Handschuh und schleuderte seinen Arm so hoch er konnte. Es war ihm, als habe er den Haken auf dem Grund des Sees in einen Baumstamm gerammt. »Großvater!«, schrie der Junge. Doch von dem alten Mann war weit und breit nichts zu sehen.

Lukas gelang es tatsächlich, diesen großen Hecht ganz allein zu landen. Das ganze Dorf, sogar der Herr Baron erfuhr davon. Lukas war stolz: auf sich und sein Vorbild – den Großvater.

Mit diesem Angel-Ausflug beginnt ein spannendes Abenteuer: Lukas zieht mit seinem Großvater nach Amerika und macht überraschende Erfahrungen. Er muss erkennen, dass auch Großvater Fehler macht und nicht immer Recht hat. Lukas ist zunächst enttäuscht, dann jedoch erleichtert. Er findet heraus: Für mein Glück ist nicht Großvater zuständig, auch nicht ein anderes Vorbild. Das muss ich weitgehend allein suchen …

Und doch blieb das Bild des Großvaters immer lebendig: Er hatte Wort gehalten und nie aufgegeben – in vielem doch ein Vorbild!

▶ Genaueres über die Abenteuer von Lukas könnt ihr in einem Buch von Willi Fährmann erfahren: Der lange Weg des Lukas B., Arena-Verlag.
Übrigens: Das Buch ist mit dem deutschen Jugendbuchpreis ausgezeichnet worden.

1. Lukas fängt einen Fisch. Er hätte ihn ohne Großvater, der ihm das Anglerhandwerk beibrachte, nicht bekommen. Ist jeder ein Vorbild, von dem man etwas lernt?
2. Erzähle mit eigenen Worten die Bildergeschichte auf Seite 75: Welche Regel steckt in der Comic-Abfolge?
3. Denke nach, ob du ein Vorbild hast oder früher einmal gehabt hast: Wie stellst du dir ein Vorbild vor?

Nicht jeder hat das Glück, einem Vorbild zu begegnen. Ein Vorbild hilft, seine eigenen Lebensziele festzulegen und den Mut zu finden, schwierige Aufgaben anzupacken.

▶ Alte Sprichworte – neu bedacht:

Die Eltern erkennt man am Kind,
den Herrn am Hausgesind!

Wenn der Abt zum Glas greift,
sitzen die Mönche beim Krug.

Erklärt mit eigenen Worten die Bedeutung der beiden Sprüche und diskutiert sie.

Gerichtstermin Schule

Projekt: Weißer Rabe
Endlose Streitigkeiten in der Schule: Kennt ihr das? Gibt es Abhilfe?
Ein Ausweg kann ein unabhängiges Schiedsgericht sein.
Es besteht aus etwa ein bis zwei beliebten Lehrerinnen und Lehrern sowie einigen Schülerinnen und Schülern, am besten aus höheren Klassen – nennen wir sie die ›Weißen Raben‹.
Sie haben mit dem Streit nichts zu tun. Sie sind nicht Partei.
An das Schiedsgericht kann sich jeder wenden, der einen Streit mit anderen hat oder der sich ungerecht behandelt fühlt. Wir wollen den möglichen Ablauf an einem Beispiel schildern:

Die Klage
Im Klagekasten liegt ein Zettel, darauf steht:
Ich bin Henno Markert, Schüler der 6a. Hassan Török hat mich verprügelt, weil ich über seine Schwester gesagt habe, sie sei eine Kopftuchjule. Außerdem ist bei der Keilerei seine Schultasche kaputt gegangen und er fordert von mir jeden Tag Ersatz, sonst will er mich wieder verprügeln. Ich will, dass er mich in Ruhe lässt.

Die Verhandlung
Das Gericht besteht aus zwei Schülern: Julia aus der 7. Klasse, Derek, einem amerikanischen Gastschüler aus der 10. Klasse; zum Gericht gehört außerdem Herr Wolf, der aber nicht Klassenlehrer der 6a ist.
Zur Verhandlung erscheint Henno mit seinem Freund Paul. Hassan kommt nicht, weil er das Gericht nicht anerkennt. Die drei ›Weißen Raben‹ beschliessen trotzdem zu verhandeln, um sich ein Bild von der Sache zu machen. An Hassan schicken sie ein Schreiben, worin sie sein Fernbleiben tadeln.
Zunächst fragt Julia Henno, warum er Hassans Schwester

eine Kopftuchjule genannt habe. Henno meint, einfach so; sein Vater würde auch immer sagen, wenn sie schon in Deutschland leben, sollen sie ihre Kopftücher ablegen und sich wie Deutsche anziehen.
Derek fragt, ob Hassans Schwester auch etwas von ihm verlangt hätte, z. B. dass er Pluderhosen tragen solle.
Es kommt zu einem Gespräch, worin Henno am Ende zustimmt, dass es ihn nichts anginge, wie sich ein Schüler anzieht, wenn es nicht gegen die guten Sitten verstößt; ausländerfeindlich sei er nicht.
Paul weist darauf hin, dass man keinen Menschen verkloppt.

Das Urteil
Henno soll sich bei Hatice für seine hässliche Bemerkung entschuldigen – im Beisein der Weißen Raben. Hassan bekommt von Henno kein Geld für die Taschenreparatur; wer andere angreift, kann nicht von ihnen Schadensersatz fordern.
Hassan muss versprechen, Henno künftig in Ruhe zu lassen; auch er soll sich unter Zeugen bei Henno entschuldigen.
Das Urteil wird öffentlich ausgehängt.

Projekt ›Weißer Rabe‹ an eurer Schule?
1. Besprecht untereinander, ob ihr die ›Weißen Raben‹ an eurer Schule einführen möchtet. Wenn ja, würdet ihr etwas anders machen?
2. Sucht euch einen Streitfall aus, der euch in den letzten Monaten besonders stark beschäftigt hat. Führt dazu ein eigenes Projekt ›Weißer Rabe‹ durch. Überlegt, wer von euch welche Rolle übernehmen kann.
3. Nennt Vorfälle, bei denen die ›Weißen Raben‹ nicht tätig werden können, weil sie so schlimm sind, dass ein richtiges Gericht darüber verhandeln müsste.

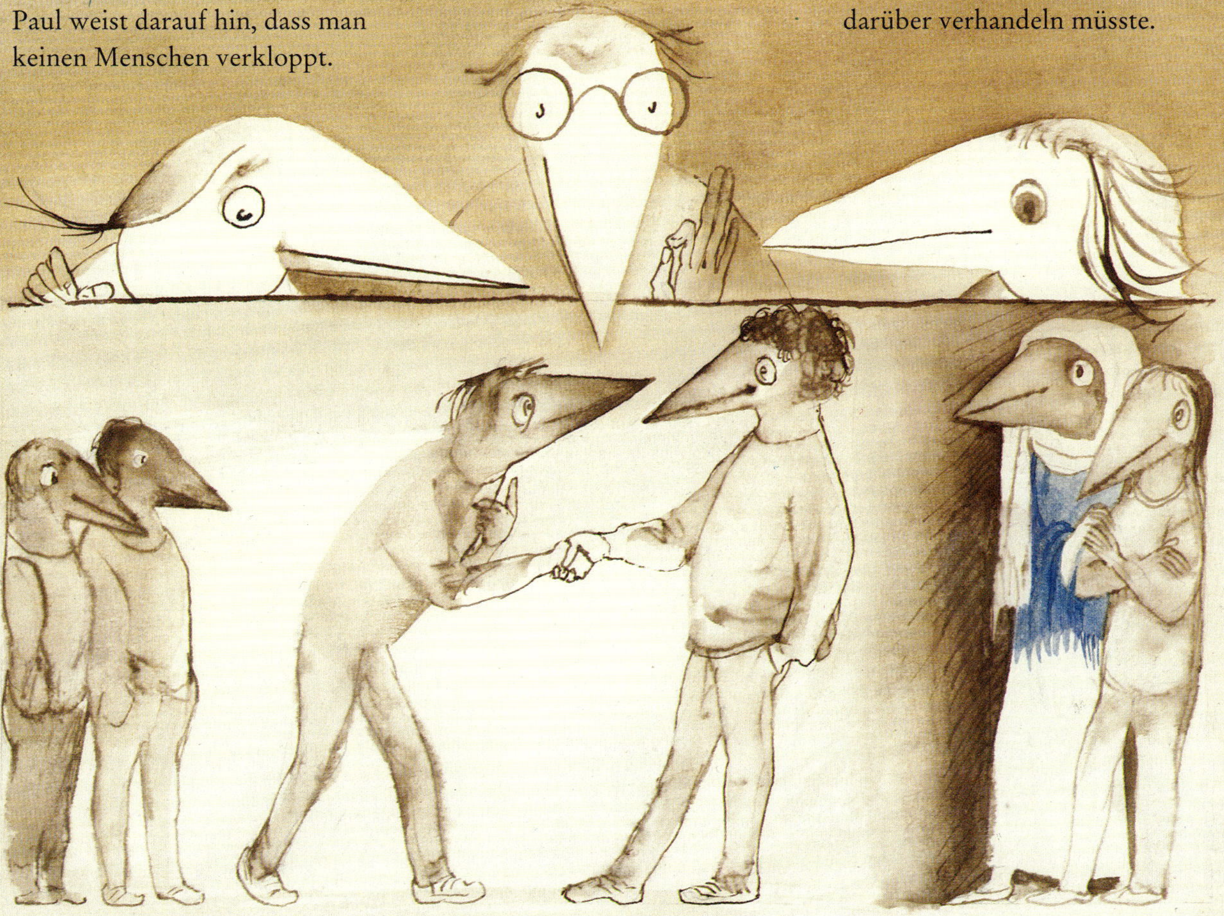

So feiern wir Feste

Ich lade dich ein,
du lädst mich ein,
wir feiern zusammen.

Zu uns kommen

Das war Momo. *(...) Sie war klein und ziemlich mager, sodass man beim besten Willen nicht erkennen konnte, ob sie erst acht oder schon zwölf Jahre alt war. Sie hatte einen wilden, pechschwarzen Lockenkopf, (...) sehr große, wunderschöne und ebenfalls pechschwarze Augen und Füße von der gleichen Farbe, denn sie lief fast immer barfuß. (...)* Momo lebte ganz allein in der Ruine eines Amphitheaters am Rande einer Stadt; möglicherweise war es Rom. Eines Mittags kamen aus der Umgebung Leute, die, so arm sie waren, Momo holen wollten, um für sie zu sorgen. Sie fragten Momo, was sie davon halte.

»Danke«, sagte Momo und lächelte zum ersten Mal, »vielen Dank! Aber könntet ihr mich nicht einfach hier wohnen lassen?«

Die Leute berieten lange hin und her, und zuletzt waren sie einverstanden. Denn hier, so meinten sie, könne das Kind schließlich genauso gut wohnen wie bei einem von ihnen, und sorgen wollten sie alle gemeinsam für Momo, weil es für alle zusammen sowieso einfacher wäre als für einen allein.

Sie fingen gleich an, indem sie zunächst einmal die halb eingestürzte steinerne Kammer, in der Momo hauste, aufräumten und instand setzten, so gut es ging. Einer von ihnen, der Maurer war, baute sogar einen kleinen steinernen Herd. Ein rostiges Ofenrohr wurde auch aufgetrieben. Ein alter Schreiner nagelte aus ein paar Kistenbrettern ein Tischchen und zwei Stühle zusammen. Und schließlich brachten die Frauen noch ein ausgedientes, mit Schnörkeln verziertes Eisenbett, eine

▶ Momo, Titelheldin eines Märchenromans von Michael Ende, kämpft mutig gegen Zeit-Diebe und bringt den Menschen die gestohlene Zeit zurück. So finden sie zu sich und auch die Zeit, Feste zu feiern.

Matratze, die nur wenig zerrissen war und zwei Decken. Aus dem steinernen Loch unter der Bühne der Ruine war ein behagliches kleines Zimmerchen geworden. Der Maurer, der künstlerische Fähigkeiten besaß, malte zuletzt noch ein hübsches Blumenbild an die Wand. Sogar den Rahmen und den Nagel, an dem das Bild hing, malte er dazu.

Und dann kamen die Kinder der Leute und brachten, was man an Essen erübrigen konnte, das eine ein Stückchen Käse, das andere einen kleinen Brotwecken, das dritte etwas Obst und so fort. Und da es sehr viele Kinder waren, kam an diesem Abend eine solche Menge zusammen, dass sie alle miteinander im Amphitheater ein richtiges kleines Fest zu Ehren von Momos Einzug feiern konnten. Es war ein so vergnügtes Fest, wie nur arme Leute es zu feiern verstehen. (...)

Michael Ende: Momo

▶ Es gibt persönliche und gemeinschaftliche Festtage. Die meist arbeitsfreien Festtage heißen Feiertage. In Deutschland sind das die weltlichen Feste 1. Mai, 3. Oktober und Neujahr sowie die christlichen Feste Karfreitag, Ostern, Himmelfahrt, Pfingsten und Weihnachten. Viele Bundesländer haben dazu noch besondere Feiertage.

1. Malt auf Packpapier, Pappe oder Tapetenrollen Momos Fest.
2. Hängt eure Werke aus und ladet Kinder aus anderen Klassen zu einer Galerie-Fete ein.
3. Stellt in Gruppenarbeit verschiedene Feste zusammen und sprecht über ihre Bedeutung.

So unterschiedlich Feste sind und gefeiert werden, ruhig oder ausgeflippt, kommen wir dabei doch immer zueinander und zu uns selber: Man schaut zurück und schaut nach vorn, holt sich Kraft und freut sich schon aufs nächste Fest. Das kommt bestimmt.

Im Mittelpunkt stehen

Ist das ein Leben?

Es war einmal ein Regenwurm, der war sein ganzes Leben lang krank. Kaum hatte ihn seine Mutter auf die Welt gebracht, war er schon krank. Man merkte es an seiner unlustigen Art, dass ihm etwas fehlte. Der Wurmdoktor kam mit seinem Köfferchen gekrochen und fühlte ihm den Puls.

»Was fehlt ihm?«, fragte die Mutter ängstlich. »Er ist krank«, sagte der Wurmdoktor und machte ein besorgtes Gesicht. Die Mutter wickelte ihn in warme Sauerampferblätter ein und brachte ihm Schneckenschleim. Aber der Regenwurm blieb krank und zeigte keine Lebensfreude. Wenn die anderen Würmer spielen gingen, lag er in seinen Sauerampferblättern unter der Erde. Nie feierte er seinen Geburtstag oder irgendein anderes Fest; er wusste nicht einmal, was Sonne und Regen ist. Er lebte auch zurückgezogen, als er größer wurde. Nie verließ er sein Plätzchen unter der Erde, sondern lag immer in seinen Sauerampferblättern und aß seinen Schneckenschleim. Drum wurde er auch nie von einer Amsel gefressen wie fast alle seine Kameraden und blieb die längste Zeit am Leben. Aber sagt mir selbst – ist das ein Leben?

Nach Franz Hohler: Der kranke, kranke Regenwurm

▶ Freizeitforscher sagen: Feste und Feiertage sind lebensnotwendig. Sie unterscheiden sich vom Alltag wie Grünanlagen von der steinernen Großstadt; sie bringen Farbe ins Leben und lassen uns auftanken. Aber: Stimmt das denn? Ist Frei-Zeit nicht tote Zeit? Was meint ihr?

Die Überraschung

Am Abend vor meinem dreizehnten Geburtstag sitze ich daheim an meinem Schreibtisch und will meine Hausaufgaben noch fertig machen. Niemand ist zu Hause. Ich kann mich schlecht konzentrieren und träume lieber von meiner Geburtstagsfete: Morgen will ich mit Freunden ins Kino gehen und …

Plötzlich klingelt es; ich gehe zur Tür. Katrin, unsere Nachbarin, fragt, ob ich für eine Stunde auf Tina, ihre kleine Tochter, aufpassen kann. Ich lasse mich gerne ablenken. Zuerst aber schreibe ich meinen Eltern einen Zettel, damit sie wissen, dass ich nicht spurlos verschwunden bin! Dann laufe ich hinüber zu Katrins Wohnung.

Tinchen, wie ich sie nenne, freut sich auf mich. Vor lauter Freude stolpert sie und knallt auf den Boden hin. Ich nehme sie auf den Arm und gehe mit ihr ins Wohnzimmer. Ich denke mir nichts dabei, dass es im Zimmer völlig dunkel ist. Bevor ich das Licht einschalten kann, geht es irgendwie von alleine an. Ich erschrecke so sehr, dass ich Tinchen fast fallen lasse! – Was sehen meine Augen?

Vor mir stehen meine Eltern, mein Bruder Michael und alle meine Freunde – in Katrins Wohnzimmer! Ich denke mir: »Was machen die denn da?« – Eins, zwei, drei: alle rufen so laut wie sie können »Überraschung!«, tanzen um mich herum und gratulieren mir zum Geburtstag. Mein Vater hat einen Kuchen gebacken und obendrauf leuchten dreizehn Kerzen – eine Kerze für jedes Lebensjahr, die ich später ausblasen darf. So eine tolle Fete habe ich noch nie erlebt! Ich habe mich auch noch nie so sehr über eine Überraschung gefreut. Am nächsten Tag, meinem eigentlichen Geburtstag, gehen wir auch alle wie geplant ins Kino …

▶ Ein Geburtstag muss nicht jedes Jahr gleich gefeiert werden. Janina erzählt von ihrer letzten Geburtstagsparty, die ganz anders kam als erwartet.

1. Ein Leben ohne Feste? Was würde euch fehlen?
2. Erzählt, ob und warum ihr gerne Geburtstag feiert.
3. Suche dir den Geburtstag heraus, der dir bisher am besten gefallen hat: Schreibe eine kurzen Bericht darüber – lest euch danach die Geschichten gegenseitig vor.
4. Wisst ihr, wann eure Mitschüler Geburtstag haben? Wenn nicht, dann lasst ein Blatt herumgehen, damit jeder seinen Geburtstag eintragen kann. Bildet anschließend »Überraschungsteams«: Überlegt, wie ihr einander zum Geburtstag überraschen könnt.

Menschen brauchen Feste wie die Luft zum Atmen. Geburtstage sind festliche Höhepunkte: Einmal im Jahr bist du ganz besonders gefragt! Dann feiern Eltern und Freunde, dass es dich gibt! Wie wohl dein nächster Geburtstag ausfällt?

Sonntag – alles anders?

Paula (11 Jahre):
Ab Freitag freue ich mich schon auf Sonntag. Doch nie ist es so schön, wie ich es mir vorstelle. Mein Vater sagt, sonntags soll die Familie zusammenbleiben; das war bei ihm auch so. Also wird lang und breit beraten, was wir machen wollen. Jeder schlägt was besonderes vor, aber wir können uns auf nichts einigen. Und schon ist Streiterei. Meine Schwester lässt ihre Wut dann im Kinderzimmer an mir aus, weil sie so gerne mit ihrem Freund Rad fahren würde. Aber sie darf nicht. Abends spielen wir meistens Karten.

Lion (12 Jahre):
Sonntags bleibe ich am liebsten so lange im Bett, wie ich will. Da lese ich viel über Indianer, Flugzeuge und Schiffe und höre dabei die Musik, die mir gefällt: Techno, Bruce Springsteen oder so. Unterm Kopfhörer, damit keiner meckert. Ich habe auch durchgesetzt, dass ich im Bett frühstücken darf. Wenn ich genug habe, spiele ich um die Ecke mit den anderen Fußball. Danach gucke ich im Garten, ob was zu tun ist; das ist meine Aufgabe zu Hause. Nachmittags übe ich Klavier. Ich freue mich, wenn viele zuhören.

Hannah (32 Jahre):
Sonntag ist Supertrubel: bunter Frühstückstisch, danach mit Tom und unseren Zwillingen, sie sind 11, zum Park oder Zoo oder ins Museum, falls es was Geeignetes für die ganze Familie bietet. Mittags kochen die Kinder: Ratatouille, Spaghetti Bolognese, Omelett mit Pilzen – was sie so können. Am Nachmittag gibt's viel Kuchen und allerlei Getränke. Da kommt, wer will: Verwandte, Bekannte und die diversen Freunde der Kinder. Schlafen die Zwillinge, drehen Tom und ich noch eine Runde durch den Kiez.

Sommersonntag

Leer sind die Straßen im Sonntagswind.
Die Menschen hat es ins Freie getrieben.
Nur die weißen Wolken sind
Treu über der Stadt geblieben.
Die Häuser stehen wie unbewohnt,
Alles sucht draußen das Glück:
Einen Weg durch den Wald, einen Fußpfad durchs Korn,
Eine Stunde im Dorf, einen Rittersporn,
In der kühlschwarzen Schlucht einen silbernen Born,
Von der Welt ein glänzendes Stück!
Und kommen die Schatzsucher abends zurück,
Bestaubt und vom Sehen satt,
Hängt zwischen den Dächern der goldene Mond
Unbeachtet über der Stadt.

GEORG BRITTING

▶ Der Sonntag ist alt:
Kaiser KONSTANTIN der Große führte ihn 321 als öffentlichen Ruhetag ein.
Der Sonntag hat's in sich:
Er erinnert an altrömische Sonnenverehrung und zugleich an den »Tag des Herrn«, an dem nach christlichem Glauben Jesus auferstand.
Der Sonntag ist kompliziert:
Arbeit in Produktion und Handel ist verboten. Doch Ausnahmen gibt es im Sonntagsgewerbe (Verkehr, Restaurants, Theater) und im Bedürfnisgewerbe, da bekommt man zum Beispiel Benzin und Blumen – zum Glück.

1. Sprecht über Lions, Paulas und Hannahs Berichte. Beratet, was Paula selbst für einen gelungenen Sonntag tun könnte.
2. Schreibt Geschichten vom Sonntag – ausgedachte oder wahre.
3. Malt, welche »Schätze« ihr an Sommersonntagen sucht, und gestaltet aus euren Bildern eine Galerie. Nutzt dabei die Abbildungen auf dieser Seite.

Wie Feste dem Jahr, so verleihen Sonntage den Wochen Glanz. Sie geben Zeit für frohes Miteinander, zu Erlebnissen in der Kultur* und zum Aufatmen in der Natur. Doch braucht der Sonntag uns, damit aus freier Zeit eine gute und schöne Zeit wird.

Abbildungen:
Seite 84: WOLFGANG MATTHEUER, *Ein schöner Sonntag, 1967 (links oben);*
CASPAR DAVID FRIEDRICH, *Frau am Fenster, 1822 (rechts oben);*
VINCENT VAN GOGH, *Schlafraum in Arles, 1888 (rechts Mitte);*
PIERRE-AUGUSTE RENOIR, *Das Frühstück der Ruderer, 1881 (rechts unten);*
Seite 85: ALBERT EBERT, *Kinderfest im Kleingartenverein, 1959 (links);*
PAUL PAESCHKE, *Spielplatz im Friedrichshain, um 1913 (rechts)*

Bald erwachsen

Für viele Mädchen und Jungen beginnt um den 13. Geburtstag eine aufregende Zeit: Mit besonderen Bräuchen werden sie in die Gemeinschaft der Erwachsenen aufgenommen.

Jüdische Kinder erhalten zum Abschluss des Religionsunterrichts alle religiösen Rechte und Pflichten von Erwachsenen: Ein Junge feiert nach dem 13. Geburtstag seine *Bar Mizwah* (»Sohn der Pflicht«), ein Mädchen wird schon mit zwölf Jahren *Bat Mizwah* – »Tochter der Pflicht« – genannt. Während eines großen und festlichen Gottesdienstes lesen die Jungen einen Abschnitt aus der Bibel vor, in vielen Gemeinden auch die Mädchen. Zu Hause wird dann fröhlich weiter gefeiert.

Katholische Kinder feiern ihr erstes großes Kirchenfest schon mit acht oder neun Jahren: In der *Erstkommunion* erhalten sie Zugang zur Gemeinschaft der Gläubigen; einige Jahre später folgt die *Firmung*, in der sie den erwachsenen Katholiken gleichgestellt werden.

Die *Konfirmation* ist die evangelische Feier der »Befestigung«: Jugendliche werden mit etwa 14 Jahren konfirmiert. Sie gehören dann in gleicher Weise wie Erwachsene ihrer Kirche an und sind in allen Fragen des christlichen Glaubens selbstverantwortlich.

In Osten Deutschlands verabschieden sich viele Jugendliche auf weltliche Weise von ihrer Kindheit: Veranstaltungsangebote wollen Kindern, die nicht am Religionsunterricht teilnehmen, helfen, sich auf das künftige Leben vorzubereiten. Ähnlich wie religöse Gemeinschaften richten Eltern und Verbände, die keiner Religion angehören, *Jugendweihen* oder *Jugendfeiern* aus. Auch hier werden Dankesworte ausgesprochen, Lieder vorgetragen und Geschenke ausgeteilt – ein festlicher Höhepunkt vor dem Eintritt in die Erwachsenenwelt.

▶ In unserem Land sind Jugendliche im Alter von 14 Jahren »religionsmündig«: Von diesem Zeitpunkt an seid ihr persönlich gefragt, ob ihr einer religiösen Gemeinschaft, einer weltanschaulichen oder keiner Gruppe angehören möchtet.

Freiheit

Unabhängig zu leben.
Das WO und WIE selbst bestimmen –
ein Traum?
Seit ich kein Kind mehr bin,
habe ich die Kraft verloren,
mich in Phantasiewelten zu versetzen.
Ich lebe auf dieser Erde –
in der Geld der Schlüssel zur Macht ist
und Macht die Freiheit regiert.
Sollte ich sie deshalb hassen?
Einzig meine Gedanken sind frei.
Manchmal sind sie einsam und unverstanden
und manchmal geheim – aber FREI!

ANNETT HEIBEL

▶ Abschied nehmen von der Kindheit tut manchmal weh.
Annett Heibel beschreibt, was in ihr vorging, als sie älter wurde.
Welche Gedanken-Träume habt ihr?

1. Beschreibt die Bilder und versucht herauszubekommen, welche Feste hier gefeiert werden.
2. Klärt, ob und wie ihr euch auf den Eintritt in die Erwachsenenwelt vorbereiten werdet.
3. Schildert Situationen, wo ihr jetzt, anders als noch vor wenigen Jahren, selbstständig entscheiden und handeln dürft.

Das Ende der Kindheit – ein Höhepunkt: Ihr nehmt euer Leben allmählich selber in die Hand; zugleich möchten viele von euch dem nachspüren, was euren Eltern bleibend wichtig ist. Den Eintritt in den neuen Lebensabschnitt feiern die meisten Jugendlichen mit einem großen Fest.

Wenn Mauern einstürzen

Menschen, die durch eine Sprache, durch ein Land und eine gemeinsame Vergangenheit verbunden sind, halten es auf Dauer nicht aus, voneinander getrennt zu sein; dies gilt insbesondere dann, wenn eine Regierung den Menschen wichtige Freiheitsrechte verweigert. Es gehört zu den menschlichen Grundbedürfnissen, frei miteinander reden und herumreisen zu können. Im Herbst 1989 gingen im Osten Deutschlands mehrere Hunderttausende auf die Straße, um für diese Rechte zu streiten. Unter dem Druck der Protestbewegung öffnete die Regierung am 9. November 1989 jene hohen Mauern und Zäune, die bis dahin die Menschen in Ost und West voneinander getrennt hatten. Ulrike aus Chemnitz war damals zwölf Jahre alt. Sie erinnert sich:

Im Sommer 1989 verfolgten wir im Fernsehen, wie viele DDR-Bürger in den Westen flüchteten. Weil so viele Menschen unser Land verließen – auch vier aus meiner Klasse – war es mir, als ob ich auch mitmusste. Auf der anderen Seite wollte ich auch hier bleiben, in meiner Heimat, in meiner Klasse. Wir blieben. Als wir am 7. Oktober durch die Stadt fuhren, sahen wir ein großes Aufgebot von Polizisten. Sie trugen Gummiknüppel und Gewehre. Sie waren aufmarschiert, um die Demonstranten niederzuschlagen, die gegen die Regierung demonstrierten. Das fand ich schrecklich. Als ich einige Tage später hörte, dass Erich Honecker zurückgetreten war, konnte ich es einfach nicht fassen, dass plötzlich alles ganz anders sein sollte.

»Wir sind das Volk«

Das hatten die Demonstranten zu Beginn ihrer Proteste betont. Wenige Wochen später riefen sie: »Wir sind ein Volk.«

Am 3. Oktober 1990 war es dann so weit: Die beiden deutschen Staaten vereinigten sich. Der Tag der Einheit wird seither jedes Jahr im ganzen Land gefeiert. Die Vereinigung hat vielen Menschen in den östlichen und westlichen Landesteilen Neues gebracht, manchen auch Sorgen. Doreen aus Dargun erzählt:

Das größte Problem meiner Eltern ist die Arbeit. Mein Vater ist bereits auf den Nulltarif gesetzt worden. Er hat in einem Betrieb gearbeitet, der Zahnräder für den Trabant herstellte. Bei meinem Bruder ist es genau der gleiche Fall. In unserer Familie arbeitet nur noch meine Mutter. Aber wie lange noch? Einige Menschen, die ihre Arbeitslosigkeit nicht verkraften, versuchen ihre Probleme im Alkohol oder in Drogen zu ersticken. Aber das ist kein Ausweg. Ich persönlich habe mir die Einheit sehr viel anders vorgestellt. Wie wir alle schon gemerkt haben, hat jede gute Seite auch eine Kehrseite. Meine Eltern sagen: »Es kann ja nur noch besser werden, denn schlechter als jetzt kann es kaum noch werden.«

▶ Getrennte Welten
Zwischen 1949 und 1990 haben die Deutschen in zwei Ländern gelebt: im westlichen Teil in der Bundesrepublik Deutschland (BRD) und im östlichen Teil in der Deutschen Demokratischen Republik (DDR).

Die Mauer
1961 baute die Regierung der DDR eine Mauer mitten durch Berlin; auch die übrigen Landesteile wurden immer mehr durch hohe Metallzäune und Minenfelder von der BRD abgetrennt. Zahlreiche Menschen wurden getötet, als sie versuchten in den Westen zu fliehen. DDR-Bürger, die auf ihre Menschenrechte* pochten, mussten bis Sommer 1989 mit harten Strafen rechnen.

▶ Heute wächst eine neue Mauer heran: Sie trennt Arme und Reiche in unserem Land.
Ob diese Mauer des Wohlstands überwindbar ist – so wie die DDR-Mauer es schließlich auch war?

1. Erkundigt euch, wie sich das Leben eurer Eltern und Nachbarn nach der Wende von 1989 verändert hat. – Vergleicht die Ergebnisse untereinander.
2. Überlegt, wie sich Kinder und Jugendliche aus den westlichen und östlichen Landesteilen besser verstehen lernen können.
3. Informiert euch, welche landesweiten Feiertage es in anderen Ländern gibt – und warum sie gefeiert werden.

Wir feiern den 3. Oktober als den ›Tag der Einheit‹. Mutige Menschen in der DDR haben sich ihre Freiheitsrechte erkämpft und damit die äußere Einheit unseres Landes ermöglicht. Ob es noch lange dauern wird, bis »Ossis« und »Wessis« im täglichen Leben zueinander finden?

Weihnachten – ein Geschenk

Zu jener Zeit ordnete Kaiser Augustus an, dass alle Bewohner des römischen Reiches in Steuerlisten erfasst werden sollten. So zog jeder in die Heimat seiner Vorfahren, um sich dort eintragen zu lassen. Auch Josef machte sich auf den Weg. Von Nazareth in Galiläa ging er nach Bethlehem, das in Judäa liegt. Das ist der Ort, aus dem König David stammte. Er musste dorthin, weil er ein direkter Nachkomme Davids war. Maria, seine Verlobte, begleitete ihn. Sie erwartete ein Kind. Während des Aufenthalts in Bethlehem kam für sie die Zeit der Entbindung. Sie brachte einen Sohn zur Welt, ihren Erstgeborenen, wickelte ihn in Windeln und legte ihn in eine Futterkrippe im Stall. Eine andere Unterkunft hatten sie nicht gefunden.

In der Gegend dort hielten sich Hirten auf. Sie waren in der Nacht auf dem Feld und bewachten ihre Herden. Ein Engel Gottes kam zu ihnen und Gottes heller Glanz leuchtete rings um sie. Sie fürchteten sich sehr; aber der Engel sagte: »Habt keine Angst! Ich bringe gute Nachricht für euch, über die sich alle Menschen freuen werden. Heute wurde in der Stadt Davids euer Retter geboren – Christus, der Herr! Überzeugt euch selbst: Ihr werdet ein Kind in der Krippe finden, in Windeln gewickelt; es liegt in einer Futterkrippe.«

Plötzlich stand neben dem Engel eine große Schar anderer Engel, die lobten Gott und riefen: »Alle Ehre gehört Gott! Sein Friede gilt allen auf der Erde.«

Die Hirten brachen sofort nach Bethlehem auf, um Maria, Josef und das Kind zu finden. Als sie es sahen, berichteten sie, was ihnen der Engel von dem Kind gesagt hatte. Alle, die dabei waren, staunten über

▶ Eine geheimnisvolle Stimmung erfasst die Menschen im Monat Dezember – Jahr für Jahr. In der dunkelsten Jahreszeit schmücken helle Lichterketten unsere Straßen; ungezählte Kerzen bringen Licht in die Dunkelheit: Christen und Nichtchristen bereiten sich auf Weihnachten vor – das Fest der Geburt Jesu.

▶ An keinem Tag im Jahr strömen so viele Menschen in die Kirchen wie an Heiligabend. Im Mittelpunkt festlicher Gottesdienste steht die Lesung der biblischen Weihnachtsgeschichte. Sie hält die Erinnerung an Jesus von Nazareth wach, dessen Geburt etwa 2000 Jahre zurückliegt.

das, was ihnen die Hirten erzählten. Maria aber merkte es sich genau und dachte immer wieder darüber nach. Die Hirten gingen zu ihren Herden zurück, lobten Gott und dankten ihm für das, was sie gesehen und gehört hatten.

Nach Lukas 2

Zeichen der Hoffnung

Es war die Nacht vom 21. zum 22. Dezember, die unsere Vorfahren in vorchristlicher Zeit feierten: die Wintersonnenwende – Rückkehr des Lichts. Als sich die christliche Religion* ausbreitete, trat die Botschaft vom Kind in der Krippe zu jenen Geschichten hinzu, die man einander begeistert erzählte; alte und neue Bräuche begannen miteinander zu verschmelzen. Aber erst im Jahre 813 wurde Weihnachten zu einem kirchlichen Feiertag. Bis heute holen sich Menschen Tannenzweige und Kerzen ins Haus, denn Licht und Grün gelten als Zeichen der Hoffnung.

Die ursprüngliche Bedeutung der Weihnachtstage vom 24. bis 26. Dezember ist vielerorts in Vergessenheit geraten. Geblieben ist eine Ahnung davon, dass wenigstens diese Tage eine Zeit des Friedens, der Liebe und der Familie sein sollten. Doch die Weihnachtsbotschaft der Engel hat es bis heute schwer, Gehör zu finden.

▶ Zu Hause geht die Feier weiter: Krippe und Weihnachtsbaum, gemeinsames Festessen, Geschenke und Lieder helfen, Licht, Glanz und Duft des Weihnachtsfests zu sehen und zu schmecken.

1. Erzählt, ob und wie ihr Weihnachten feiert.
2. Werdet euch klar darüber, warum sich viele Menschen an Weihnachten beschenken.
3. Diskutiert, worauf es beim Schenken ankommt.

▶ Ist das nicht sonderbar? Weihnachten lässt einsame Menschen noch trauriger werden. Ausgerechnet in der Weihnachtszeit wird in den Familien unseres Landes so viel gestritten wie sonst nie. Geschichten aus alter und neuer Zeit wissen davon zu erzählen – und zeigen Auswege. Die nebenstehende Weihnachtsgeschichte stammt aus Bosnien.

Warum es zum Heiligen Abend süßen Brei gibt

Ein Mann hatte zwei Töchter. Und er war schwerreich. Die eine Tochter heiratete einen ebenfalls sehr Reichen, und die andere wollte einen Armen heiraten, allein der Vater wollte es ihr nicht erlauben. Aber gerade den Armen hatte sie lieb gewonnen und heiratete ihn doch. Sie lebten sehr dürftig. Die anderen dagegen lebten üppig, nur das Zusammenleben war nicht gut. Sie schlugen sich, stritten und was noch alles sich bei ihnen zutrug.

Als der Heilige Abend kam, wurde der Vater sehr neugierig, wie sie das Nachtmahl halten würden: wie die einen und wie die anderen. Zuerst ging er zu der Tochter, die mit dem Reichen verheiratet war. Dort wurde so viel aufgetragen, dass nicht alle Speisen auf dem Tisch Platz fanden. Aber was hatten sie davon! Sie begannen zu streiten. Sie waren mit dem Mahl noch nicht fertig, da begannen sie zu raufen. Der Vater sagte: »Jetzt gehe ich zu der armen Tochter und schaue, was die Armen machen, wie es bei denen zugeht.«

Er ging hin. Die Armen setzten sich hin. Sie hatten ein wenig Kutja gekocht, die aßen sie nun. Sie hatten noch ein wenig Borschtsch, auch den aßen sie. Dann sagte sie: »Weißt du, Mann! Einst hat meine Mutter am Heiligen Abend immer einen süßen Brei gekocht. Es gab viele Speisen und zum Schluss gab's den süßen Brei. Aber den können wir nicht beibringen, statt dessen lasst uns küssen!«

Dem Vater gefiel es sehr, dass bei dieser Tochter das Leben so einträchtig verlief und er nahm die beiden bei sich auf.

Seit der Zeit kocht man am Heiligen Abend den süßen Brei. So hat mein Vater immer erzählt. Er sagte, das geschehe, damit man einander liebe.

Nach mündlicher Erzählung der bosnischen Bäuerin Halja Rupa

▶ *Schenken*

Schenke groß oder klein,
Aber immer gediegen.
Wenn die Bedachten
Die Gaben wiegen,
Sei dein Gewissen rein.

Schenke herzlich und frei
Schenke dabei,
Was in dir wohnt
An Meinung, Geschmack und Humor.
So daß die eigene Freude zuvor
Dich reichlich belohnt.

Schenke mit Geist ohne List.
Sei eingedenk,
Daß dein Geschenk
Du selber bist.

Joachim Ringelnatz

1. Findet Gründe, warum Weihnachten bei uns zum beliebtesten Fest des Jahres geworden ist.

2. Schreibe einen Aufsatz und beginne den ersten Satz so: Wenn Weihnachten das ganze Jahr über gefeiert würde, dann ...

Weihnachten – Geburtstag eines besonderen Kindes: von Geheimnissen umrahmt.
Alles Schöne im Überfluss – geschenkte Zeit.
Frieden und Liebe grenzenlos – auf der ganzen Welt?
Was ist mit Menschen in Not?
Wann wird für sie Weihnachten?
Bin ich gefragt?

Das Leben feiern

Ein Kalender im Überblick – unterteilt nach Jahreszeiten und Monaten. Und doch ist er längst nicht vollständig.
Es fehlen Feste und Feiertage, die euch in diesem Buch begegnen oder von denen die meisten von euch schon gehört haben.
Es ist euer Kalender! – Ob er euch zeigen kann, was es heißt: Feste sind die Schatztruhen unseres Wissens ?
Nun kann die Schatzsuche beginnen. Die Fragen werden euch unterstützen:

– Überlegt, warum ein Kalender, der auf der ganzen Erdkugel gelten soll, nicht den Naturzeiten entsprechen kann.
– Zählt Feste auf, die ihr kennt: religiöse und weltliche Fest- und Feiertage.

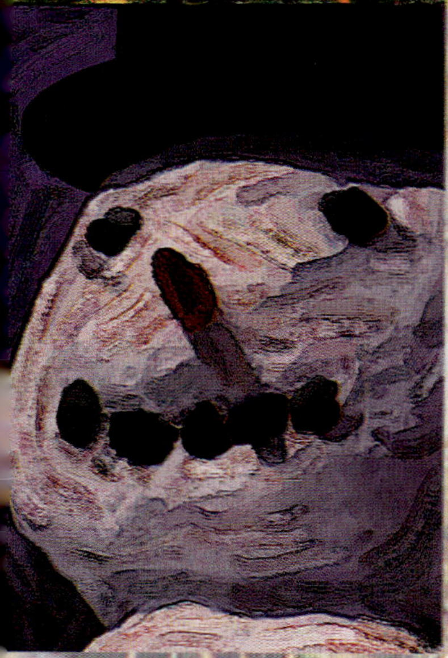

– Tauscht euch darüber aus, welche Feste ihr unbedingt feiern möchtet, weil sie euch wichtig sind.
– Mit welchen Festen könnt ihr nichts anfangen?
– Beschafft euch Informationen. Ihr könnt auch von zu Hause Kalender mitbringen.
– Versucht einige Fest- und Feiertage zu malen, ohne sie mit Namen zu nennen. Schaut euch die Zeichnungen an und ratet jeweils, um welche Feste es geht.
– Gestaltet einen riesigen Wandkalender für euer Klassenzimmer: mit Festen und Feiertagen. Wenn ihr eure Geburtstage eintragt, könnt ihr sehen, wer bald dran ist: In welchem Monat gibt es die meisten Geburtstagskinder?

Gewalt – was tun?

Du Idiot, Idiot, Idiot …
hab ich gesagt.
Du Idiot …
Und er, der Idiot?
… drehte sich um,
sah mich an,
blieb ruhig
und ernst
und sagte
leise
mitten in mein lautes Geschrei:
Ich bin kein Idiot.
Warum schreit ihr so?
Ich bin kein Idiot.
Ich bin nur ein Mensch,
der anders denkt.

Bilder der Gewalt

Tag für Tag zeigt das Fernsehen Bilder der Gewalt.
Hundert Spielfilmmorde pro Tag sind zu viel, sagt man.
(Ist ja alles nicht echt, oder?)
Woche für Woche verkaufen die Comic-Verlage Action und Horror.
Solche Bilder sind schädlich für Kinder, sagt man.
(Muss man ja nicht lesen, oder?)
Monat für Monat gibt es neue brutale Computerspiele.
Das sollte unbedingt verboten werden, sagt man.
(Sind doch bloß Spiele, oder?)
Jahr für Jahr werden Kinder grausamer. Sie schlagen ohne Zögern,
sie verletzen ohne Gewissen, sie töten sogar.
(Das gab es doch schon immer, oder?)
Schuld daran sind die Bilder der Gewalt!
Denn wer brutale Filme sieht, wird auch selbst brutal, sagt man.
Und was sagst DU dazu?

▶ Die Bilder der Gewalt sind keine Erfindung unserer Tage. So haben berühmte Künstler aller Epochen den Kampf und das Leiden im Kriege mit Stift, Farbe und Pinsel festgehalten. Aber auch die Bilderbücher aus der »guten alten Zeit« sind voller Grausamkeiten:

Bild-Signale

Die Bilder der Gewalt geben Zeichen. Das Fernsehen zeigt jede Woche 4000 Morde und rund 600 Gewaltverbrechen auf allen Kanälen. Vieles davon wollen wir gar nicht sehen, aber manches schauen wir uns an. Die Bilder rufen zu uns mit ganz verschiedenen Stimmen. Sie sagen zum Beispiel: »Mit Gewalt erreichst du alles!« Aber sie warnen auch: »Gewalt ist grausam und ungerecht!« Wir reagieren unterschiedlich darauf. Manche Bilder regen uns auf und machen uns wütend. Wir könnten jetzt selber zuschlagen. Andere Szenen machen uns friedlich. Wir lachen nur über die Gewalt.

Von den Bildern der Gewalt gehen viele Rufe aus, ein richtiges Stimmengewirr. Höre genau hin, denn du bist gefragt. Wann immer du »Ja« sagst zur Gewalt oder »Nein« – du bist eine Antwort!

1. Sprecht über Fernsehsendungen, die ihr kennt, und macht eine Liste: Welche Bilder der Gewalt zeigen sie euch?
2. Wähle ein Märchen aus, das dir besonders gut gefällt. Zeichne dazu ein friedliches Bild und ein Gewaltbild.

▶ Vielen Menschen ist die Macht der Bilder unheimlich. Sie fürchten, dass die Kinder und Jugendlichen den Bildern der Gewalt hilflos ausgeliefert sind.

▶ Manche Wissenschaftler behaupten: Fernsehen verführt zur Gewalt. Andere sagen: Die Bilder der Gewalt sind harmlos.
Was sollen wir glauben?

Friedliches Fernsehen?

Stell dir vor, es soll ein neues Gesetz geben, um die Menschen vor den Bildern der Gewalt zu schützen. Könnte so vielleicht die Zukunft des Fernsehens aussehen?

Im Jahr 2005 werden alle Spielfilme und Actionserien zensiert: keine Morde, keine Toten, kein Blut und keine Kämpfe mehr auf dem Bildschirm. Auch Nachrichtensendungen und Tierfilme werden streng kontrolliert.

Doch es gibt noch andere Bilder der Gewalt, zum Beispiel Beschimpfungen, Drohungen und Beleidigungen in Filmen, Berichten und Talkshows. Darum werden im Jahr 2010 auch diese Sendungen verboten: nur noch lachende Gesichter, fröhliche Musik und beruhigende Landschaften auf dem Monitor. Selbst die harmlosesten Blumenbilder könnten jedoch ganz verborgene Spuren der Gewalt zeigen. Und um die Menschen wirklich zu schützen, müsste man auch diese Bilder verbieten. Also erfinden Wissenschaftler im Jahr 2015 ein garantiert gewaltfreies Testbild, das mit künstlichen Tönen unterlegt wird: endgültig keine Menschen, keine Musik, keine Geschichten mehr auf den Bildschirmen. – Was möchtest du verbieten?

▶ Bild-Kontrolle

Das »Jugendschutzgesetz« verlangt, dass Kinder und Jugendliche besonders geschützt werden.
Die Filmprüfer von der »Freiwilligen Selbstkontrolle« (FSK) schauen sich jedes Jahr rund 14000 Filme an.
Sie geben eine Empfehlung für Kinobesitzer und Zuschauer, zum Beispiel »freigegeben ab 12 Jahren«. Danach richten sich auch die Fernsehsender.
Die »Bundesprüfstelle für jugendgefährdende Schriften« kann Filme, Bücher und Computerspiele sogar verbieten lassen.
Wer schützt die Erwachsenen?

Rezept für einen Actionfilm:
Ein Held: am besten blond. Er sollte klug sein, schön und stark. Er kämpft für die Gerechtigkeit und befreit die Welt von dem Bösen.
Ein Feind: möglichst fremd, ein richtiges Monster. Er sollte hässlich sein, unbarmherzig und gierig. Er kämpft nur für sich und will die Welt beherrschen.
Ein Kampf: Der Held kämpft ganz allein gegen den Feind und gewinnt den blutigen Kampf. Er tötet den Bösen und erhält zur Belohnung dafür eine sehr hübsche Frau. Die darf er in Zukunft beschützen. Das Gute hat wieder einmal gesiegt.

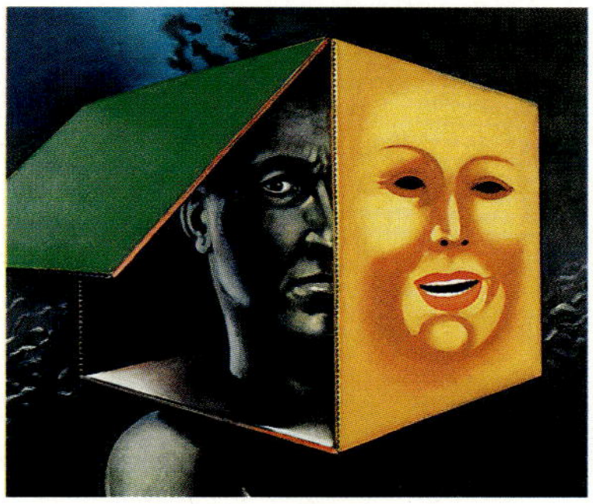

▶ Verführung durch Masken
Was sehen wir am häufigsten im Fernsehen? Gesichter.
Wir reagieren auf Gesichter ganz spontan: mag ich – mag ich nicht. Darum wirken die Bilder viel stärker auf unsere Gefühle als Worte. Diese Wirkung kann durch Musik noch erheblich verstärkt werden.

▶ Gesichter können Masken sein, hinter denen sich Gut und Böse verbergen. Wer nur auf das Gesicht schaut, der vertraut blind.

Der Heilige Georg, eine sagenhafte Gestalt aus alten Zeiten, fordert Prinzessin Margarete auf: »Führe den Drachen an deinem Gürtel in die Stadt. Dort will ich ihn töten. Denn alle sollen sehen: Das Gute ist stärker als das Böse!«

Abbildungen Seite 101:
PAOLO UCCELLO: *Der Drachenkampf des Heiligen Georg, um 1470 (links);*
WOLFGANG MATTHEUER: *Zwei Gesichter, 1970 (oben)*

1. Vergleiche die Bilder auf dieser Doppelseite. Erzähle dazu eine passende Geschichte, die du aus dem Fernsehen kennst.
2. Findet heraus, wie sich Gewalt im Fernsehen von wirklicher Gewalt unterscheidet.
3. Sprecht gemeinsam über das Fernsehen der Zukunft. Sammelt Vorschläge.

Wir sind von Bildern der Gewalt umgeben. Sie warnen : »So darf es nicht sein!« Und sie verführen: »Das darfst du auch!« Die Bilder ändern sich mit der Zeit, aber: Wir können oder wollen nicht auf sie verzichten. – Sieh ganz genau hin.

Opfer und Täter

Ein Tag wie jeder anderer?

▶ Gnadenlos

Alle sechs Stunden wird in Deutschland ein Mensch getötet, alle zwei Stunden jemand vergewaltigt oder sexuell missbraucht, alle 15 Minuten geschieht irgendwo ein Überfall – so schätzt die Polizei. Größer als die Gewalt ist jedoch die Angst: Jeder zweite befürchtet, selbst einmal Opfer einer Gewalttat zu werden.
Zu den Schwächeren gehören vor allem Kinder und Jugendliche. Etwa 20000 von ihnen werden jedes Jahr in Deutschland misshandelt. In vielen Fällen sind die Opfer von heute die Täter von morgen – ein Kreislauf?

Warum ich?

»Warum haben sie das gemacht? Ich hab' ihnen doch überhaupt nichts getan.« – »Was regst du dich so auf? Das passiert doch überall und immer wieder.« – »Ja, aber ich versteh' es nicht. Ich kannte die doch gar nicht.« – »Na und? Darum geht es doch überhaupt nicht. Sie brauchten halt jemanden, den sie fertig machen konnten. Da kamst du ihnen gerade recht.« – »Aber warum gerade ich?« – »Du bist eben anders als sie. Irgendwas an dir wird anders sein. Vielleicht finden sie, dass du anders aussiehst, anders sprichst, andere Sachen machst als sie. Manchen genügt es schon, wenn du in der falschen Straße wohnst.« – »Aber dafür kann ich doch nichts!« – »Sagt ja auch keiner. Du bist in ihren Augen eben anders. Das genügt schon.« – »Das heißt ja, dass es immer wieder passieren kann, dass immer wieder jemand grundlos verletzt wird.« – »So ist es nun mal. Du wirst es nicht ändern.« – »Nur weil ich ihnen fremd bin, weil sie mich nicht kennen, schlagen sie mich zusammen? Das ist doch verrückt.«

▶ Grenzenlos

Zu allen Zeiten haben Menschen miteinander gestritten und gegeneinander gekämpft. Sie haben Waffen gebaut und Kriege geführt.
Weltweit sind heute 20 Millionen Menschen auf der Flucht. Menschen haben Mauern errichtet und Grenzen gezogen, um sich vor der Gewalt zu schützen. Sie haben sich gemeinsam gewehrt und auch mit ihren Feinden vertragen.
Weltweit reichen sich Menschen die Hand, um Frieden zu schließen.

1. Untersucht Zeitungsausgaben der letzten Tage, ob und welche Gewalttaten in eurer Umgebung passiert sind. Ihr könnt euch auch bei der örtlichen Polizei informieren.
2. Überlege, vor welcher Art Gewalt du am meisten Angst hast.
3. Falls du selbst schon einmal Opfer warst, erzähle davon. Denke darüber nach, warum andere dich als Opfer wählten.
4. Führt das Gespräch auf dieser Seite im Rollenspiel weiter. Eure Frage: Wie lässt sich Gewalt vermindern?

▶ Schülerinnen und Schüler aus Salzwedel haben in einem »gegen-gewalt-buch« geschrieben:

»Du hast mir grade noch gefehlt!«
Es gibt Tage, da hab ich einfach alles SATT
Manche Tage, da komm' ich mit mir selbst nicht KLAR
Momente, in denen überhaupt NICHTS klappt
Stunden voller WUT im Bauch.

Du kommst mir wie GERUFEN
Und ich FREU' mich, dich zu sehn
Du gehst den gleichen WEG wie immer
Ich wart' jetzt nur auf DICH.

Komm' noch ein bisschen näher
dann schlage ich dich
TOT.

Kennst du dieses Gefühl?

Wut tut gut:
wenn man seine ganze Kraft einbringen will, wenn man voller Energie ist.

Wut tut gut:
wenn man sich ungerecht behandelt fühlt und endlich den Mut hat, das auch zu sagen.

Wut tut gut:
wenn man einem andern oder sich selbst in einer wichtigen Sache damit helfen kann.

Wut tut gut.

Immer?

Selber schuld!?

Die drei saßen an der Bushaltestelle und warteten. »Hoffentlich ist sie nicht gebrochen.« Nico sprach undeutlich. »Meinst du, deine Nase hört heute noch mal auf zu bluten?« Steffen reichte ihm besorgt sein letztes Taschentuch. Silke grinste spöttisch: »Stell dich nicht so an. Du bist selber schuld. Warum lässt du dich auch provozieren?« »Es kann ja nicht jeder so cool sein wie du«, antwortete Nico gereizt. »Der Kanake wollte sich vordrängeln, ich hab's genau gesehen. Ich hab ihn kaum angefasst, da hat er gleich irgendwas gesagt zu seinem Freund. Und da musste ich zeigen, was Sache ist, sonst hätten die mich alle zusammen fertig gemacht. Aber morgen mach' ich ihn fertig. Bist du dabei, Steffen?«

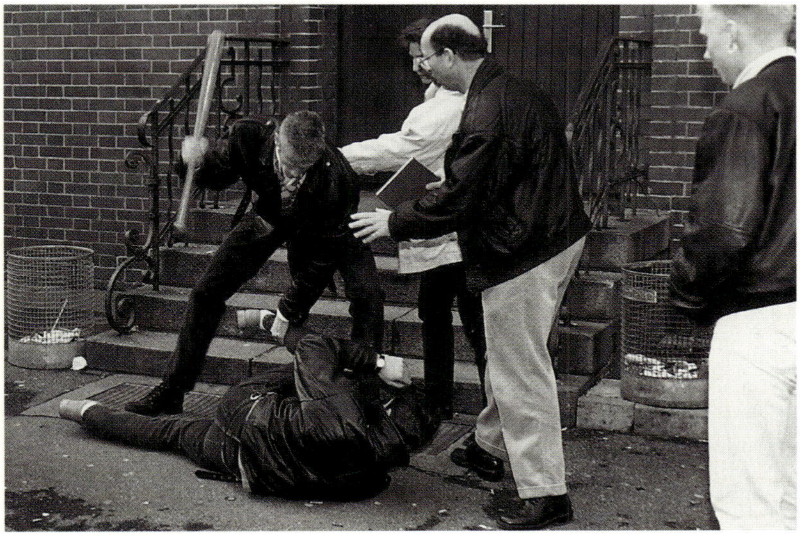

▶ Wer eine Straftat begeht, kommt eigentlich vor Gericht. Doch in Brandenburg gibt es seit 1995 auch den »Täter-Opfer-Ausgleich«. Wenn alle Beteiligten einverstanden sind, treffen sie sich bei einem Schlichter und überlegen gemeinsam, wie man den angerichteten Schaden wieder gutmachen kann.
Ein solches Treffen hilft beiden Seiten. Die Opfer lernen, dass ihre Angreifer keine Monster sind. Und die Täter verstehen besser, welchen Schaden sie dem Opfer zugefügt haben.

1. Schreibe auf, was dich wütend macht.
2. Steffen muss sich entscheiden. Spielt die Geschichte weiter: das Gespräch zwischen Nico, Steffen und Silke – aber auch den nächsten Tag an der Bushaltestelle.
3. Führt eine Diskussion durch zu den Fragen:
a) Verdienen Gewalttäter Mitleid oder sind sie selber schuld?
b) Bist du selbst schon einmal Täter gewesen?
Ob du ja oder nein antwortest: Welche Gründe siehst du für dein Verhalten? Vergleicht eure Ergebnisse miteinander.

Jeder kann Opfer der Gewalt werden, denn jeder ist anders. Das Fremde kann wütend machen, wenn es nicht verstanden wird. Manche schlagen gleich zu – manchmal auch aus Angst. Nur wer den anderen versteht, kann sein Verhalten ändern. Dazu gehört Mut.

Höchste Zeit, etwas zu tun

Zeugen der Gewalt

Dieses Gedicht entstand im Projekt »Schülerinnen und Schüler schreiben gegen die Gewalt«, das eine Schule aus Salzwedel durchführte:

Brutal ist,
mit Waffen, Baseballschlägern oder anderen Sachen auf
Ausländer oder andere Menschen einzuprügeln,
Tiere zu quälen.
Brutal ist,
Menschen mit Wörtern fertig zu machen.
Brutal ist der Krieg!
Brutal ist vieles auf der Welt:
Tiere zu schlachten, Menschen zu quälen,
Lebewesen qualvoll sterben zu lassen.
Brutal ist,
wenn Fische oder ganz einfach Tiere
aufeinander losgehen.
Oder wegen einer kleinen Sache
sich psychisch oder praktisch
fertig zu machen.
Brutal ist auch,
anderen Angst einzujagen.
Wenn man Wut im Bauch hat, andere fertig zu machen,
also andere zur Verantwortung zu ziehen.*
Wir müssen Verantwortung tragen,
das ist brutal.

▶ Denk Mal
Nur wer als Zeuge aufmerksam wird und nicht wegschaut, kann der Gewalt entgegentreten.
Nur wer als Zeuge anklagt und nicht schweigt, kann die Gewalt bekämpfen.
Nur wer als Zeuge den Opfern hilft, kann die Gewalt beenden.
Nur wer als Zeuge nicht vergisst, kann neue Gewalt verhindern.
Sie hinterlässt überall ihre Spuren – Schau hin!

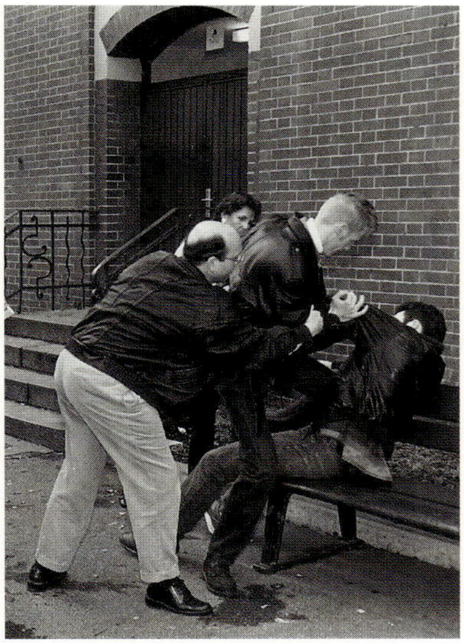

▶ »Bullying«
Die Gewalt unter Schülern bleibt im Gespräch. Wenn Schüler andere Schüler regelmäßig beschimpfen, bedrohen, erpressen oder schlagen, nennt man das »Bullying«. Schätzungsweise zwei Jungen oder Mädchen aus jeder Klasse werden jede Woche zu Opfern des Schülerterrors.
Wer sind die Täter? Die »Bullies« sind in der Mehrzahl Jungen, und meistens sind ihre Opfer andere Jungen. Aber die Gewalt unter Mädchen ist nicht weniger harmlos. Wer greift ein?

Das Märchen von den lieben Schülerlein

Früher war alles besser. Da saßen die Schüler noch still auf ihren Plätzen und freuten sich, wenn der Lehrer kam. Endlich durften sie lernen. Sie arbeiteten gemeinsam, sangen und lachten. Mädchen und Jungen waren immer fleißig und nur lieb zueinander. Niemand schnitzte Schimpfwörter in die Schulbänke, niemand beschmierte die Toiletten mit Filzschreiber, niemand schlug niemandem die Zähne aus. Und wenn doch jemand einmal böse wurde, eilten die anderen schnell herbei und redeten ihm gut zu.

Heute ist alles viel schlimmer. Die Schüler fluchen auf unanständigste Weise und wollen überhaupt nicht mehr lernen. Sie machen sich über die Lehrer lustig und denken sich Gemeinheiten aus. Mädchen und Jungen gehen nur noch zur Schule, um andere zu quälen und Geld zu erpressen. Was ihnen im Weg steht, das schlagen sie kaputt. Sie freuen sich, dass alle Angst vor ihnen haben. Und wenn wieder einmal ein Schüler verprügelt wird, gehen die anderen weiter und sagen: »Was geht mich das an?«

1. Auch du bist bestimmt schon einmal ein Zeuge von Gewalt gewesen. Erzähle davon.
2. Findet heraus, was an dem »Märchen« nicht stimmt, und fragt eure Eltern nach ihren Erfahrungen mit Gewalt in der Schulzeit.
3. Schreibt einen Bericht darüber, wie es um die Gewalt in eurer Schule steht.

Wie eine Frage tritt die Gewalt an dich heran, wenn du ihr Zeuge wirst: Du trägst Verantwortung. Das heißt, du machst dich zur Antwort auf die Gewalt, die dich umgibt.

Höchste Zeit: Wir sind gefragt!

Wer der Gewalt folgt, läuft im Kreis.
Wer nach der Gewalt ruft, dem werden andere mit Gewalt antworten.
Wer glaubt, Gewalt mit Gewalt zu beenden, der irrt.
Erich Fried reimte über das Weiterleben nach dem Krieg:

Ich bin der Sieg
mein Vater ist der Krieg
der Friede ist mein lieber Sohn
der gleicht meinem Vater schon.

Gewalt hat viele Gesichter und verbirgt sich hinter vielen Masken: von der Erpressung auf dem Pausenhof über sexuellen Missbrauch bis zum Krieg und zur Ausrottung ganzer Völker. Du musst selbst entscheiden, wie du der Gewalt entgegentreten willst. Vieles wirst du nicht verhindern können, aber du kannst etwas tun, damit sich einiges ändert:

Zeichen setzen!

1. Nutze deinen Mund und mache auf die Gewalt in deiner Umgebung aufmerksam. Je mehr ihr seid, umso lauter könnt ihr anklagen: Malt ein großes Plakat gegen Gewalt und hängt es in der Schule auf. Oder verteilt Plaketten mit Motiven zum Gewaltproblem, die ihr zuvor selbst gebastelt habt.

2. Nutze deine Hände und verhindere Gewalt in der Klasse und auf dem Schulhof. Je mehr ihr seid, umso stärker könnt ihr der Gewalt entgegentreten: Vereinbart für eure Klasse Regeln gegen Gewalt. Wählt jemanden aus, der in Streitfällen entscheiden soll. Oder erklärt den Schülersprechern, dass ältere Schülerinnen und Schüler die jüngeren beschützen sollen. Vielleicht können bald auch Schülerinnen und Schüler die Pausenaufsicht führen und Verantwortung übernehmen.

3. Nutze dein Gedächtnis und bewahre die Erinnerung an vergangene Gewalttaten: Sucht ein Denkmal in eurer Stadt auf, informiert euch, was damals geschah. Dann könnt ihr darüber eine Ausstellung in eurer Schule machen, um andere zu informieren.

4. Nutze deine Augen und schau nicht weg, wenn dir Gewalt begegnet: Macht euch gegenseitig Mut. Zeigt, dass ihr euch aufeinander verlassen könnt, zum Beispiel durch ein Vertrauensspiel: Einer steht in der Mitte und schließt die Augen. Die anderen halten ihn mit den Händen und bewegen ihn vorsichtig im Kreis hin und her.

PEKING ENTE
RESTAURANT
RISTORANTE PIZZERIA
WIR3 Unter-geschoß
TREFFPUNKT BAR Berlin
PEKING ENTE

Begegnungen mit Juden, Christen und Muslimen

Religionen kennen lernen

»Ich, Gott und die Welt«

Wie ist unsere Erde entstanden? Woher kommen die Menschen? Wozu sind sie da? Menschen aller Zeiten haben sich immer wieder diese und ähnliche Fragen gestellt.

In diesem Kapitel begegnet ihr Menschen, die unser Da-Sein auf eine göttliche Ursache zurückführen. Dass die Meinungen von Menschen über Gott und die Welt von jeher auseinander gehen, daran hat sich bis heute nichts geändert:

Gott ist für mich jemand, mit dem ich reden kann und der mir zuhört.
Sascha, 14 Jahre

Für mich ist Gott das Gleiche wie der böse Wolf bei Rotkäppchen.
Vera, 14 Jahre

Gott ist für mich zwar vorhanden, aber nicht genau zu beschreiben.
Michael, 13 Jahre

Es ist schwierig, an Gott zu glauben, weil er nicht »wirklich« ist.
Katja, 15 Jahre

Gott ist eine Erfindung der Christen, um Macht zu bekommen.
Mario, 14 Jahre

Gott oder so was hat für mich keine Bedeutung.
Terry, 12 Jahre

Jeder hat das Recht, einen anderen Glauben zu besitzen.
Andrea, 13 Jahre

Ich beurteile niemanden nach seiner Religion, es sei denn, die Person würde mir ihren Glauben einreden wollen. Toleranz ist wichtig.
Dörte, 14 Jahre

---

1. Schreibt auf große Blätter oder Plakate eure Meinung über Gott und Religion. Befestigt die Blätter an der Wand und informiert euch über die Ergebnisse.
2. Beginnt ein Schreibgespräch in einer Gruppenarbeit: Die einen schreiben ihre Meinung über Religion, die anderen antworten schriftlich.
3. Notiert, was ihr über Religion(en) erfahren möchtet.

▶ Zwei Ansichten über Religion*

Ist es nicht sonderbar, dass die Menschen so gerne für die Religion fechten und so ungerne nach ihren Vorschriften leben?
Georg Christoph Lichtenberg, Schriftsteller und Spötter

Religion ist das Gefühl der völligen Abhängigkeit des Menschen von Gott.
Friedrich Schleiermacher, Theologe

▶ Eines der ältesten Symbole* für Gott ist die Hand. Sie soll zum Ausdruck bringen, dass Gott die Menschen geschaffen hat und auf sie achtet.

Begegnungen gestalten

Tagtäglich begegnen wir Menschen – Eltern, Lehrerinnen und Lehrern, Schülerinnen und Schülern, oft auch Fremden. Aber begegnen wir ihnen wirklich? Oder laufen wir nicht einfach an ihnen vorbei?

Erst später stellt sich manchmal heraus, dass wir mit jemandem, dem wir begegnet sind, gerne gesprochen hätten. »Ach, hätte die mir wirklich erzählen können, was in der Klassenarbeit drankommt?« »Ich hätte nicht gedacht, dass man mit dem so gut reden kann.« So etwas sagen wir dann hinterher.

Es gibt also Begegnungen, die eigentlich keine sind. Wir erfahren in ihnen nichts über die Menschen, an denen wir vorbeigehen. Wir lernen nicht, wie sie ihren Alltag gestalten, was ihnen wichtig ist. Zu einer wirklichen Begegnung gehört, dass wir einander kennen lernen.

Manche Menschen, denen wir begegnen, gehören einer Glaubensgemeinschaft oder Religion an. Gott, heilige Schriften, heilige Personen und Handlungen sind ihnen wichtig. Sie richten ihr Leben nach ihnen aus, ohne dass man ihnen gleich ansieht, dass sie religiös sind. Wenn wir sie verstehen wollen, müssen wir mit ihnen darüber reden. Nicht um auch religiös zu werden, sondern um sie zu verstehen und um eine eigene Haltung zu Religion zu finden.

Juden, Christen und Muslime sind Angehörige der Religionen, die in unserem Land die wichtigsten sind. Vier Jugendliche aus diesen Religionen stellen sich euch gleich vor. Dabei könnt ihr – hoffentlich mit Spaß – manches über diese Religionen erfahren. Überlegt jedoch mal, warum Bücherwissen über Religion zur gerechten Beurteilung nicht ausreicht.

Diskutiert über folgenden Satz:

Man soll eine Religion erst dann beurteilen,
wenn man einen Freund hat, der ihr angehört.

Zusammenkommen in Synagoge, Kirche und Moschee

Zusammenkommen

Ruven: Sahra, ich weiß, dass du Muslimin bist – aber wie kommt's, dass dein Name so jüdisch klingt?
Sahra: Vielleicht ist der Name ursprünglich jüdisch; aber er schreibt sich bei uns anders: Sara war die Frau Abrahams, den wir Ibrahim nennen und auch zu unserer Geschichte zählen. – Wo kommt dein Name her?
Ruven: Meine Eltern haben mich nach einem der Urenkel des Abraham genannt. Gibt es so was Ähnliches auch im Christentum?
Paul: Na klar! Mein Name erinnert an Paulus, der vor 2000 Jahren die christliche Lehre verbreitete. Sein Geburtsname war Saulus – eine Ableitung des hebräischen Namens Schaul. Der lateinische Zusatzname Paulus bedeutet »Der Kleine«. – Saskia, was bedeutet dein Name?
Saskia: Das weiß keiner so genau; aber er hat nichts mit meiner Religion zu tun. Ich habe aber katholische Freunde, die nach biblischen Personen oder nach Heiligen benannt worden sind.
Sahra: Was sind denn Heilige?
Saskia: Zeige ich euch gerne, wenn wir uns die katholische Kirche anschauen. Wäre es aber nicht besser, bei der Synagoge anzufangen?

▶ Paul, Ruven, Sahra und Saskia sind miteinander befreundet. Sie besuchen die gleiche Schule.
Da sie unterschiedlichen Religionen angehören, feiern sie ihre Gottesdienste getrennt. Gemeinsam haben sie sich vorgenommen, euch die Räume vorzustellen, in denen sich ihre Gemeinden zum Beten treffen.

▶ Das Judentum bildet die Grundlage für das Christentum und für den Islam. Alle drei Religionen sind miteinander verwandt. Das zeigt sich auch dadurch, dass christliche und islamische Eltern ebenso wie jüdische Eltern ihren Kindern gerne Namen von Frauen und Männern geben, die in der Hebräischen Bibel eine Rolle spielen.

Ruven stellt die Synagoge vor

Ruven: Paul, du siehst ganz fesch aus mit deiner Kopfbedeckung!
Als Zeichen des Respekts vor Gott ist es hier üblich, dass die Männer eine kleine runde Kippa aufsetzen. Frauen dürfen ihre Köpfe bedecken, müssen aber nicht.

Saskia: Stimmt es, dass jüdische Feiertage am Abend vorher beginnen?
Ruven: Ganz genau. Zum Beispiel am Freitagabend, dem Beginn unseres Ruhetags Schabbat, werden immer als Erstes zwei Kerzen angezündet, die an die Anwesenheit Gottes erinnern.
Saskia: Warum sitzen denn Männer und Frauen getrennt?
Ruven: Damit man sich mehr aufs Beten als auf schöne Menschen konzentriert! – Könnt ihr raten, weshalb wir uns während des Betens in östliche Richtung wenden?
Sahra: Die Muslime richten sich zur großen Moschee nach Mekka – und ihr euch nach Jerusalem?
Ruven: Richtig! Und ganz vorn seht ihr den Torahschrein – darin sind festlich gekleidete Torahrollen aus Pergament. Am Samstagmorgen wird eine herausgeholt und der Wochenabschnitt wird vom Vorbeter auf Hebräisch gesungen. Viele Lieder singen wir alle zusammen; oft hält der Rabbiner eine Predigt. Nach altem Brauch müssen mindestens zehn Männer zusammenkommen, damit ein Gottesdienst stattfinden darf.
Paul: Gibt es bei euch so was wie Konfirmation oder Jugendfeier?
Ruven: Ja! Nächstes Jahr werde ich dreizehn und nach meiner Bar Mizwah gelte ich für die jüdische Gemeinde nicht mehr als Kind. Ich habe dann genau die gleichen Rechte und Pflichten wie die Erwachsenen.

1. Findet heraus, wo eure Namen herkommen und ob sie eine besondere Bedeutung haben.
2. Könnt ihr euch denken, warum die vier Freunde zuerst die Synagoge besuchen möchten?

▶ Eine getrennte Sitzordnung für Frauen und Männer wird heute in vielen jüdischen Gemeinden nicht mehr eingehalten.
1995 ist in Oldenburg Bea Wyler zur Rabbinerin berufen worden; sie ist seit mehr als 50 Jahren die erste jüdische Geistliche in unserem Land.

Jüdischer Gottesdienstraum (Synagoge)

Saskia zeigt die katholische Kirche

Ruven: Die Glasfenster sehen toll aus! – Wer ist das Baby im Bild?

Saskia: Das ist Jesus als Kind auf dem Schoß von Maria. Als Mutter Jesu spielt sie eine große Rolle bei uns Katholiken und wird daher sehr verehrt. – Was fällt euch sonst auf?

Sahra: Das Wasserbecken hier am Eingang. – Reinigt ihr euch auch, bevor ihr in die Kirche geht?

Saskia: Eigentlich nicht – die Füße bleiben trocken. Hier tauchen wir nur eine Fingerspitze ins Wasser hinein. Dann machen wir das Kreuzzeichen, um uns an das Kreuz Jesu und an die eigene Taufe zu erinnern. – Ratet nun mal, wo die Heiligen sich befinden, von denen wir vorhin gesprochen haben.

Paul: Sind sie hier als Holzfiguren und in den Malereien abgebildet?

Saskia: Volltreffer! – Heilige sind Menschen, die für uns Vorbilder sind; einige von ihnen sind in früheren Zeiten wegen ihres Glaubens umgebracht worden. Wir möchten sie auch heute nicht vergessen. – Wisst ihr, wofür die kleinen Holzkabinen da an der Seite sind?

Ruven: Torahschreine sind es wohl nicht!

Saskia: Die nennen wir Beichtstühle, obwohl sie gar keine richtigen Möbel sind. Wenn man was auf dem Herzen hat, kann man in der Woche hereinkommen und persönlich mit dem Priester sprechen.

Paul: Bei Katholiken heisst das Abendmahl »Kommunion« – oder?

Sahra: Kenne ich leider so oder so nicht.

Saskia: Gegen Ende des Gottesdienstes, nach der Ansprache des Priesters, wird an die Besucher ein besonderes ›Brot‹ oder Gebäck – Hostien – ausgeteilt. Brot und Wein sollen uns daran erinnern, dass wir eine Gemeinschaft sind, in der Jesus unter uns ist.

▶ Die katholische Kirche gehört mit bald 2000 Jahren zu den ältesten Kirchen der Christenheit. An ihrer Spitze steht ein Papst, der bis heute seinen Sitz im italienischen Rom hat.

Katholischer Kindergottesdienst

Paul informiert über die evangelische Kirche

Paul: In der evangelischen Kirche, die es erst seit knapp 500 Jahren gibt, ist es im Grossen und Ganzen nicht so viel anders als bei euch. Priester werden bei uns Pfarrer oder auch Pastoren genannt und machen fast das Gleiche.

Ruven: Halten sie auch Predigten?

Paul: Oh ja, jede Woche! Um zu predigen steigt der Pfarrer hier hoch: auf die Kanzel.

Sahra: Ich sehe hier keine Beichtstühle und keine Bilder oder Figuren von Heiligen.

Paul: Das stimmt – hier spielen Heilige keine grosse Rolle. Bei uns geht's sowieso etwas nüchterner zu: In unseren Kirchen gibt es kaum Bilder, in manchen überhaupt keine; im Mittelpunkt aber steht das Kreuz an der Vorderwand. – Sieht es hier anders aus als bei euch Katholiken, Saskia?

Saskia: Dieses Kreuz ist aus einem sehr schlichten Holz gemacht; es kommt mir leer vor – ich vermisse Jesus darauf. In katholischen Kirchen ist der getötete Jesus am Kreuz immer zu sehen.

Paul: Kann sein, dass wir uns diesbezüglich etwas strenger an das jüdische Bilderverbot halten. Was aber Gesang betrifft: Ich bin mir sicher, wir singen mit unserem Chor genauso viel und gerne wie bei euch!

Ruven: Ja, die Musik haben wir alle miteinander gemeinsam.

Sahra: Ich wusste gar nicht, dass auch evangelische Kirchen bis auf den letzten Platz ›ausgebucht‹ sein können. Ist eure Kirche immer so voll?

Paul: Ach wo! Meist ist unsere Kirche halb leer. Aber zu besonderen Festen, etwa zu Weihnachten, platzt die Kirche aus allen Nähten. Beim letzten Jugendgottesdienst ging echt die Post ab …

▶ Martin Luther, Jean Calvin, Huldrych Zwingli und Thomas Müntzer – bekannte Vertreter einer Erneuerung der Kirche im 16. Jahrhundert (Reformation): Eigentlich wollten sie nur Missstände beseitigen, aber in der Folge spaltete sich die Kirche; zahlreiche neue (evangelische) Kirchen begannen sich zu bilden.

Evangelischer Gottesdienst

Sahra führt in die Moschee

Sahra: Bevor wir hineingehen, zieht bitte eure Schuhe aus. Keine Sorge, es wird euch nicht kalt; der Boden der Moschee ist überall mit warmen Teppichen bedeckt.

Ruven: Sie sind herrlich – so schön und weich! Es gibt hier überhaupt keine Stühle oder Holzbänke. Kann ich mich trotzdem hinsetzen?

Sahra: Dafür ist der Fußboden auch da. Wisst ihr, wie Muslime beten?

Paul: Hmm – die Juden beugen sich beim Gebet, Katholiken gehen aufs Knie. Aber bei euch ist noch mehr los! Man steht abwechselnd auf, beugt sich, wirft sich nieder und sitzt auch mal – oder?

Sahra: Du kennst dich gut aus! Wir beugen uns vor Gott, weil sich ein Muslim Gott ganz hingibt. In islamischen Ländern wird man zum Beten öffentlich über Lautsprecher aufgerufen.

Saskia: Wir lassen am Sonntag die Glocken läuten!
Ich sehe, dass es auch hier keine Bilder gibt, aber die Wände sind mit bunten Mosaiksteinen total schön geschmückt; der Stil ist ganz anders als bei uns, gefällt mir. – Beten Männer und Frauen zusammen?

Sahra: Bei den täglichen Gebeten sind die Männer unter sich. Frauen haben andere Pflichten; aber beten tue ich natürlich auch.
Diese Nische, die ihr da vorne seht, nennen wir Mihrab. Sie zeigt die Richtung nach Mekka an. Wie ihr seht, befinden sich an der Wand arabische Schriftzeichen.

Ruven: Gibt es Zeiten, an denen sich Muslime besonders gerne in einer Moschee aufhalten?

Sahra: Ja, zu Feiertagen; wir halten es ähnlich wie Juden und Christen. Allerdings fällt unser wöchentlicher Ruhetag auf einen Freitag; dort hält dann unser Imam* eine Predigt.

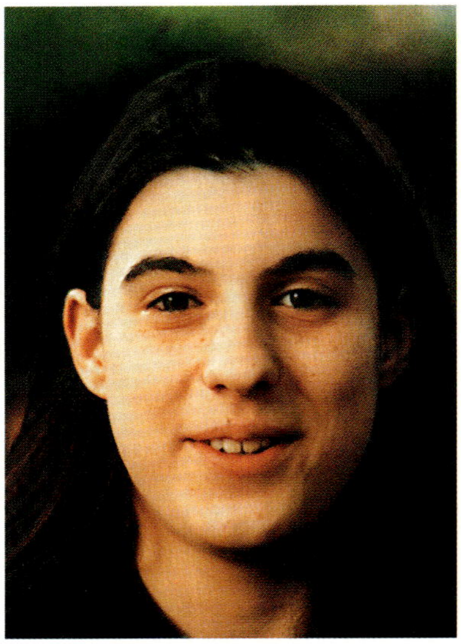

▶ Der Islam ist mit mehr als 1300 Jahren eine der jüngeren Weltreligionen. Bei uns leben Muslime zumeist in Großstädten; viele von ihnen stammen ursprünglich aus der Türkei.

Freitagsgebet in einer Moschee

Jerusalem – Stadt dreier Religionen und vieler Gotteshäuser

In keiner anderen Stadt der Welt leben so viele religiöse Gemeinschaften auf so engem Raum wie in Jerusalem. Inmitten des bunten und geschäftigen Treibens der Händler sind einige eifrige Anhänger schon äußerlich zu erkennen: Viele von ihnen tragen eine Kopfbedeckung. Sie alle zählen sich zu einer der drei großen Weltreligionen, denen ihr auf diesen Seiten begegnet. Jerusalem ist nicht nur eine Stadt der Vielfalt, sondern auch der Gegensätze: Obwohl sie von Juden »Stadt des Friedens« und von Muslimen »die Heilige« genannt wird, entzünden sich an ihr noch immer kriegerische Auseinandersetzungen. Vielleicht verkörpert Jerusalem gerade deshalb für Juden, Christen und Muslime den Inbegriff ihrer tiefsten Sehnsüchte nach einer besseren Welt.

1. Bringt Fotos oder Bilder von Synagogen, Kirchen und Moscheen mit. Schaut, ob ihr die Einrichtungen wieder erkennt.
2. Synagogen, Kirchen und Moscheen unterscheiden sich; manches haben sie aber auch gemeinsam: Erstellt eine Tabelle, in die ihr Gemeinsamkeiten und Unterschiede eintragt.
3. Erkundigt euch, welche Gotteshäuser es in eurer Umgebung gibt. Vielleicht lässt sich ein Besuch dorthin organisieren.

Juden, Christen und Muslime kommen regelmäßig – insbesondere an Feiertagen – in Gotteshäusern zusammen. Dort tauschen sie sich aus, beten zu Gott, singen gemeinsam und hören Predigten. Alles das und vieles andere mehr tun sie, weil sie ihre eigene Religion besser verstehen und intensiver erleben wollen und sich neue Kraft für den Alltag erhoffen.

Bücher für das Leben

In Synagogen, Kirchen und Moscheen findet man eines auf jeden Fall: jeweils ein Buch, das von den Gemeinden in Ehren gehalten wird, weil darin Geschichten von Gott und den Menschen erzählt werden. Die Juden lesen die Torah*, die Christen die Bibel*, und die Muslime tragen den Koran* laut vor. Die Torah der Juden und die Bibel der Christen enthalten über große Strecken dieselben Texte. Aber auch die Muslime erzählen sich Geschichten, die sowohl in ihrem heiligen Buch, dem Koran, als auch in den heiligen Büchern der Juden und der Christen stehen. Bewusste Juden, Christen und Muslime versuchen ihr Leben nach ihren heiligen Büchern auszurichten. Sie sind davon überzeugt, dass ihnen diese Schriften helfen, ein gelungenes Leben zu führen. Unter Juden wird folgende Geschichte erzählt:

▶ Ein Lied der Liebe:
Sch'ma Israel in hebräischer Schrift:

שְׁמַע יִשְׂרָאֵל
יְהוָה אֱלֹהֵינוּ יְהוָה ׀ אֶחָד
וְאָהַבְתָּ אֵת יְהוָה אֱלֹהֶיךָ
בְּכָל־לְבָבְךָ
וּבְכָל־נַפְשְׁךָ
וּבְכָל־מְאֹדֶךָ׃

וְאָהַבְתָּ לְרֵעֲךָ כָּמוֹךָ

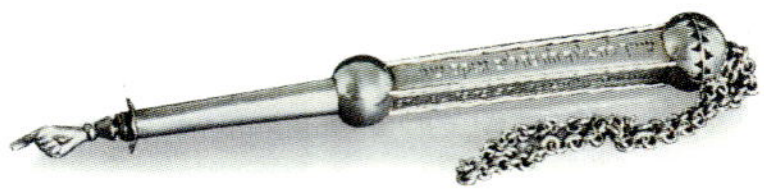

Die Torah – Geschichten von Treue und Freude

Ich habe euch, sprach einmal Gott zu seinem Volk Israel, meine Torah verkauft und mich mit ihr. Hört dazu diese Geschichte: Ein König hatte eine Tochter, die ein anderer König zur Frau nahm. Der Vater sprach zu ihm: »Meine Tochter, die ich dir gab, ist mein einziges Kind, ich kann mich nicht von ihr trennen, ich kann aber auch nicht zu dir sagen: nimm sie nicht mit, denn sie ist doch deine Frau. Aber tue mir den Gefallen: Wohin du mit ihr gehst, bereite mir eine Unterkunft, damit ich bei euch wohnen kann, denn ich kann meine Tochter nicht verlassen«. So sprach auch Gott zu Israel: Ich habe euch die Torah gegeben, ich kann mich aber nicht von ihr trennen, ebenso kann ich nicht zu euch sagen: Nehmt sie nicht, sondern richtet an jedem Ort, wo ihr hinkommt, ein Haus ein, worin ich wohnen kann.

Nach MARTIN BUBER: Die Erzählungen der Chassidim

Höre, Israel –
ER unser Gott, ER ist einzig.
Und du sollst lieben IHN,
deinen Gott,
von ganzem Herzen,
von ganzer Seele,
mit aller deiner Kraft.

Und du sollst lieben deinen Nächsten
wie dich selbst.

Aus der Torah, 3. und 5. Buch Mose

Das Neue Testament* – Geschichten der Christen um Jesus von Nazareth und die ersten Gemeinden

Die wichtigsten Fragen für die Schreiber des Neuen Testaments aus den ersten christlichen Gruppen waren: Wer ist eigentlich Jesus Christus, wie hat er gelebt, wie hat seine Botschaft gelautet? Darüber erzählte man sich nach seinem Tod zunächst Geschichten, die später in den Evangelien* aufgeschrieben wurden.

Jesus selbst hat kein einziges Wort für das Neue Testament aufgeschrieben. Die uns heute bekannten Texte sind später zusammengestellt worden. Sie beschreiben und deuten sein Leben, seine Lehre und seinen Tod. Dies war den ersten Gemeinden so wichtig, dass es festgehalten werden sollte.

Auch das Neue Testament wird von Christen als »Gottes Wort« angesehen, allerdings nicht wörtlich und Satz für Satz. Es waren ja Men-

schen, die dies alles aufgeschrieben haben. Menschen können etwas missverstehen oder ihre eigenen Absichten in die Geschichten hineinschreiben ... Deshalb versuchen Christen immer wieder neu, hinter den Buchstaben der Bibel die Erfahrungen zu entdecken, die ihre Verfasser mit Gott gemacht haben. Die Bibel ist für sie eine Lebensschule.

1. Fasse die Geschichte auf Seite 120 zusammen. Überlege, warum die Torah-Erzählung Juden sehr viel bedeutet.
2. Erläutert, warum Juden die Torah kleiden, in einem Schrank mit kostbarem Vorhang aufbewahren, mit Kronen schmücken und nur mit eigens dafür hergestellten Zeigern berühren.
3. Diskutiert und klärt, was das sein könnte: eine Lebensschule. Erstellt danach eine Collage zu »Unsere Schule: Haus des Lebens und des Lernens«.

▶ Lukas, einer der Verfasser des Neuen Testaments, erläutert die Entstehung:
Schon viele haben versucht, die Ereignisse darzustellen, die Gott unter uns geschehen ließ und die wir durch die Berichte der Augenzeugen kennen, die von Anfang an alles miterlebt hatten. Darum habe auch ich mich dazu entschlossen, alles bis zu den Anfängen sorgfältig zu erforschen und es dir, verehrter Theophilus, der Reihe nach zu berichten.
Aus Lukas 1

▶ Die Schriften des Neuen Testaments wurden zuerst in Griechisch verfasst, der damaligen Amtssprache in Israel.
Man schrieb zunächst auf Papyrus, das jedoch schnell brüchig wurde. Bearbeitete Tierhäute stellten später eine stabilere Grundlage dar. Weil die Technik in Pergamon erfunden wurde, nannte man das Material Pergament.

Der Engel Gabriel gibt Mohammed den Koran

Im heiligen Buch der Muslime ist davon die Rede, dass Gott die Schrift an seinen Gesandten, den Propheten* Mohammed, aushändigen ließ: Der muslimische Geschichtsschreiber Mohammed Ibn Ishâq hat 120 Jahre nach Mohammeds Tod die Anfänge des Islam beschrieben:

Jedes Jahr im Fastenmonat Ramadan zog sich Mohammed mit seiner Familie in die Wüste zurück. Am Berg Hirâ dachte er über seinen Gott Allah und dessen Willen nach. Eines Nachts erschien ihm der Engel Gabriel im Traum. In seinen Händen hielt er eine mit Schriftzeichen bedeckte Schriftrolle. »Lies!«, rief der Engel mit mächtiger Stimme. »Ich kann nicht lesen«, rief Mohammed in großer Angst. »Lies!«, rief der Engel wieder. »Ich muss sterben«, antwortete Mohammed, »ich kann nicht lesen!« Doch der Engel ließ nicht von ihm ab. »Lies«, hörte er zum dritten Mal. In Todesangst stieß er die Frage aus: »Was soll ich

lesen?« Dann hörte er den Engel sagen: »Allah wird dir sagen, was er von den Menschen will und du wirst es aufschreiben lassen.« Als Mohammed aufwachte, fühlte er sich, als ob die Schriftrolle, die der Engel Gabriel in seiner Hand gehabt hatte, nun in seinem Herzen sei. Er ging nach Hause und erzählte den Leuten, was er erlebt hatte.

Später hat Mohammed alles in arabischer Sprache aufschreiben lassen, damit die Menschen an Allah glaubten und Gutes taten.

Nach MOHAMMED IBN ISHÂQ: Das Leben des Propheten

▶ Muslime sind überzeugt, dass der Koran Gottes Wort ist – vom Engel Gabriel an Mohammed übermittelt, der es den Menschen vortrug; andere schrieben es sogleich auf. Engel gelten als Überbringer der Botschaft Gottes.

Der wichtigste Glaubenssatz von Muslimen: *Ich bezeuge, dass es keine Gottheit gibt, außer GOTT, und ich bezeuge, dass Mohammed sein Prophet ist.*
Nach dem Koran, Sure 112

---

1. Beschreibe mit eigenen Worten, wie nach muslimischer Überzeugung der Koran entstanden ist
2. Diskutiert, warum Muslime die arabische Fassung des Koran (und nicht zum Beispiel eine englische oder deutsche Übersetzung) für die einzig richtige halten.

Schauen – begreifen – selber handeln

1. Das Auffinden von Bibelstellen kann wegen der Bezeichnungen ganz schön kompliziert sein: Was mag sich hinter der Bezeichnung »Matthäus 19, 14« verbergen?
Besprecht, auf welchem Wege ihr die Textstelle finden könnt. Drückt mit eigenen Worten aus, wie ihr die Stelle versteht.
2. Wer eine Bibel zu Hause hat, bringe sie mit. Vergleicht die Ausgaben: Ein und dieselbe Bibelstelle steht in verschiedenen Bibelausgaben oft in unterschiedlichen Worten. Findet den Grund.
3. Besorgt euch zehn leere Streichholzschachteln und umklebt sie mit Papier. Schreibt auf die Rückendeckel die Bezeichnungen für die ersten zehn Bücher der Bibel und baut so ein Bibliotheksregal auf.
Wie viele Streichholzschachteln würdet ihr insgesamt benötigen, wenn ihr alle Bücher der Bibel einbeziehen wolltet?

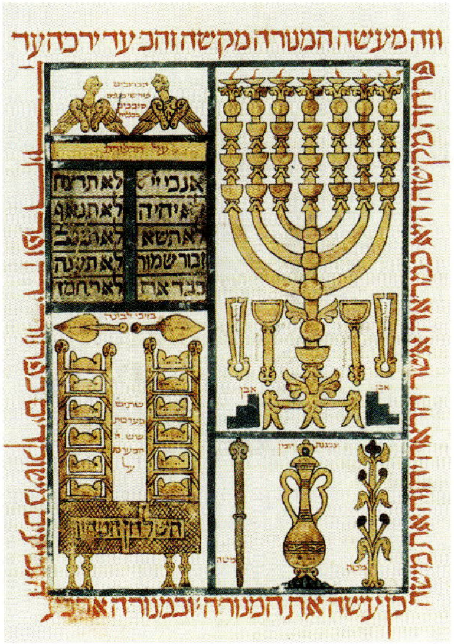

Abbildung links: Jüdische Buchmalerei, Bibel von Perpignan, Frankreich 1299
Abbildung Mitte: Arabische Buchmalerei, 1389
Abbildung rechts: 42-zeilige lateinische Bibel (Gutenbergbibel) 1455, Mainz

4. Eine Textrolle wie die der Torah lässt sich gut herstellen: Ihr benötigt jeweils zwei hölzerne Stäbe und eine Papierrolle. Schreibt aus der Bibel den Text vom 5. Buch Mose 6, 4 – 5 auf die Rolle und klebt den ersten Stab auf den Anfang und den zweiten Stab auf das Ende der Rolle.
So kunstvoll wie die Torah in der Synagoge ist eure Rolle nicht (was fehlt?), aber dafür habt ihr sie selbst gebaut.
5. Vielleicht kann jemand eine deutschsprachige Koran-Ausgabe mitbringen. Blättert darin: Welche Gemeinsamkeiten und Unterschiede zur Bibel fallen euch auf Anhieb auf?

Juden, Christen und Muslime lesen in ihren heiligen Büchern, um auf diese Weise Gott näher zu kommen. Aus ihren Geschichten und Lehrtexten schöpfen sie Anregungen für ein gutes Leben.

Aus den Anfängen der Religionen

Zu allen Zeiten und in allen Völkern fragen die Menschen nach den Kräften, die sie in der Natur entdecken. Viele sehen dahinter etwas Göttliches wirken. In Bildern und Geschichten versuchen sie es zu beschreiben. Es gibt viele unterschiedliche Gottesvorstellungen; das Göttliche hat viele Namen. Jägervölker baten mächtige Geister um Jagdglück. Ägypter beteten zu Re, dem Sonnengott. Indianer riefen oder rufen den Großen Geist an.
Vor allem die drei Religionen, über die ihr in diesem Kapitel lest, haben die Zeiten überdauert; Menschen von heute bekennen sich zu ihnen. Ihre Anfänge, die Jahrtausende zurückreichen, sind in den Geschichten dieser Religionen bewahrt. Ihr lernt im Folgenden einige dieser frühen Erzählungen, Bilder und Vorstellungen kennen.

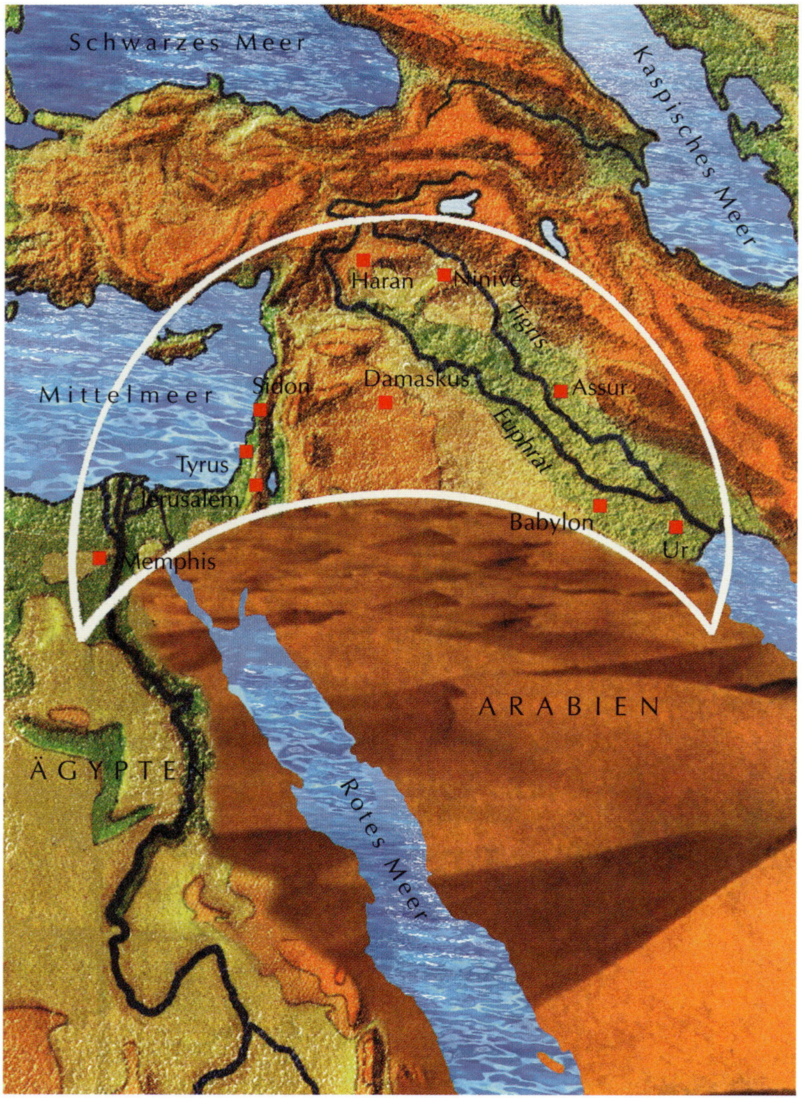

▶ Die jüdische Religion ist im Nahen Osten entstanden, zwischen dem sogenannten Zweistromland und Ägypten.
Diese Landschaften werden auch »der fruchtbare Halbmond« genannt.

▶ Im Nahen Osten zogen Nomaden, Menschen ohne festen Wohnsitz, mit ihren Viehherden umher. Sie ließen sich in fruchtbaren Gegenden nieder. Eine in der Torah überlieferte Geschichte handelt von einem Nomaden mit Namen Abraham.

Geschichten von Abraham erzählen sich Juden, aber auch Christen und Muslime – bis heute. Eine handelt von der Entstehung des jüdischen Volkes.

Abraham ist gefragt

Abram und seine Frau Sarai lebten in Haran, im Zweistromland. Sie waren schon sehr alt. Aber sie hatten noch keine Kinder. Da hörte Abram eines Tages, wie Gott zu ihm sprach:

»Zieh weg aus deinem Land, zieh weg von deinen Freunden und Verwandten. Zieh in ein Land, das ich dir zeigen werde. Ich werde dich zu einem großen Volk machen: Du sollst viele Nachkommen haben, so viele, wie Sterne am Himmel sind. Dir soll es gut gehen.«

Da zogen Abram und Sarai weg. Sie nahmen ihre Zelte und ihre Herden und zogen weg. Das neue Land war ihnen unbekannt. Sie wussten nicht, wie es dort sein würde. Aber sie zogen los ins Ungewisse. Sie zogen durch die Wüste, durch den heißen, trockenen Sand bis nach Kanaan. Dort ließen sie sich nieder.

Denn das war das Land, das ihnen gehören sollte – und ihren Nachkommen. Nachkommen? Gott hatte gesagt: »Du wirst Stammvater vieler Völker werden. Man wird dich nicht mehr Abram nennen, sondern ›Vater der vielen‹ wirst du heißen – Abraham. Und deine Frau sollst du Sara nennen – Herrin. Völker sollen aus ihr hervorgehen.«

Nachkommen? Konnten sie in ihrem Alter überhaupt noch Kinder bekommen? Sara lachte laut.

Aber dann wurde sie wirklich schwanger und brachte einen Sohn zur Welt. Sie nannten ihn Isaak. Das heißt: er lacht.

Die Verheißung hatte sich erfüllt: Abraham und Sara lebten in einem neuen Land. Und sie hatten ein Kind bekommen.

Nach der Torah, 1. Buch Mose

1. Informiert euch über das Leben in der Wüste. Stellt euch vor, wie die Nomaden dort lebten. Sucht auch nach Bildern.
2. Schreibt oder spielt ein Gespräch zwischen Abraham und Sara.
3. Findet Gründe heraus, warum sich Juden die Geschichte bis heute erzählen.
4. Jeder von uns lebt mit seinen Anfängen weiter: mit der Kindheit, mit der Schulzeit … Tauscht euch über eure Erinnerungen aus und werdet euch darüber klar, warum uns Erinnerungen an das, was war, derart bewegen.
5. Kennt ihr Geschichten von euren Vorfahren, die weggezogen sind – von Menschen, die unterwegs sind zu einem besseren Leben? Überlegt, was diese Entscheidung für sie bedeutet. Ihr könnt auch Eltern oder Nachbarn fragen …

Karawane semitischer Halbnomaden (Hebräer), die nach Ägypten einwandern (Wandmalerei in einem ägyptischen Grab, 19. Jahrhundert v. Chr.)*

Halbnomaden, die zur Zwangsarbeit herangezogen wurden (Wandmalerei in einem ägyptischen Grab, 1460 v. Chr.)

Der Weg in die Freiheit

Abraham und Sara waren in fruchtbarere Gegenden gezogen. Auch dort regnete es zu wenig. Dann trockneten die Flüsse aus, die Weiden verdorrten, es gab kein Futter mehr für das Vieh. Die Menschen waren gezwungen, sich anderswo nach Nahrung umzusehen. So zogen die wandernden Hebräer an den Nil. Doch um dort leben zu dürfen, mussten sie wie Sklaven für den Pharao, den ägyptischen König, arbeiten. Diese Arbeit war für die Hebräer unerträglich. So planten sie die Flucht aus Ägypten.

Einer von den Hebräern hieß Mose. Eines Tages hörte er einen Ruf von Gott: *»Ich habe das Elend meines Volkes gesehen und ihre Klage gehört. Ich bringe sie in ein anderes Land, in dem Milch und Honig fließen. Ich sende dich zum Pharao. Führe mein Volk heraus.«*

Lange Zeit wollte der Pharao die Hebräer nicht fortlassen. Doch als viele Plagen über Ägypten kamen, ließ er sie in einer Nacht gehen. Zunächst zogen die Hebräer zum Schilfmeer. In der Zwischenzeit überlegte es sich der Pharao aber anders und jagte ihnen mit seinen Streitwagen und Pferden nach. Als die Hebräer das merkten, bekamen sie es mit der Angst zu tun. Aber Mose vertraute auf Gott und führte das Volk durch eine trockene Stelle des Meeres. Die Flüchtenden waren gerettet.

Durch die Wüste führte Mose das Volk dem versprochenen Land entgegen. Manchmal zweifelten die Hebräer an Gottes Hilfe und vergaßen, was Er Mose gesagt hatte: »Mein Name ist JHWH – Adonai – das bedeutet: Ich bin immer da für euch Menschen. Und mein Name ist auch mein Versprechen.«

Nach der Torah, 2. Buch Mose

▶ Aus Ägypten zogen die Hebräer zunächst in die Wüste der Halbinsel Sinai und von dort aus in das verheißene Land: Israel.

Erinnern und feiern

Das Pessachfest erinnert an den Aufbruch aus Ägypten und die Rettung der Hebräer – an den Beginn der Freiheit. – Ruven erzählt:

Zur Erinnerung an diese Rettung feiern wir im Frühling Pessach. Es ist ein Familienfest. Wir setzen uns alle zusammen an den Tisch. An diesem Abend gibt es bestimmte Speisen und Getränke: Essig zur Erinnerung an die Bitterkeit der Gefangenschaft, eine lehmfarbene Speise als Symbol für die Ziegel, Wein zum Zeichen der Freude und Matzen, das ist ungesäuertes Brot. Es ist ohne Sauerteig gebacken als Zeichen für den eiligen Aufbruch aus Ägypten. Mein Vater bricht dieses Brot und sagt dazu:

»Dies ist das armselige Brot, das unsere Vorfahren in Ägypten gegessen haben. Wer hungrig ist, komme und esse mit uns; wer bedürftig ist, komme und feiere Pessach mit uns. Dieses Jahr hier, nächstes Jahr im Lande Israel; dieses Jahr Knechte, nächstes Jahr freie Leute.«
Der Jüngste der Familie – und das bin ich – darf die Frage stellen: »Was unterscheidet diese Nacht von allen anderen Nächten?«
Und dann wird erzählt, wie unsere Vorfahren auf wunderbare Weise von Gott errettet wurden.

1. Beschreibt, welche Arbeiten die Hebräer in Ägypten verrichteten.
2. Tragt Gründe zusammen, die für das Bleiben in Ägypten sprechen – und Gründe, die dagegen sprechen. Formuliert auch eure eigenen Meinungen dazu.
3. Spielt die Flucht aus Ägypten nach.
4. Erklärt, warum sich Juden mit einem Fest an diese Geschichte erinnern – bis heute!

▶ Das Osterfest der Christen hat als Wurzel die Pessachfeier der Juden.

▶ Menschen denken mit ihren Festen oft an wichtige Anfänge: zum Beispiel an einen Geburtstag oder an eine Hauseinweihung. An einen besonderen Anfang erinnert das Pessachfest.

Lebensregeln für die Befreiten

Den Hebräern war die Flucht aus Ägypten gelungen. Doch der Weg in die Freiheit war nicht leicht: Lange dauerte die Wanderung durch die Wüste. Oft hatten die Menschen Hunger und Durst, waren erschöpft und gerieten in Streit. Aber trotz Mühsal und Unfrieden erfuhren sie, dass Gott auf ihrer Seite stand.

Am Berg Sinai, so wird berichtet, schloss Gott einen Bund mit ihnen. Dieser Bund sollte zeigen: Gott will immer für dieses Volk da sein – und das Volk für Gott.

Doch wie konnte es ihnen gelingen, mit Gott und untereinander in Zukunft gut zu leben? Gott, so kann man in der Torah lesen, gab den Menschen Regeln für ein gutes Leben. Mose erhielt diese Gebote und brachte sie dem Volk.

Es waren nicht viele Gebote. Man kann sie an den Fingern abzählen:

Die Zehn Gebote

Ich bin JHWH, dein Gott,
der dich aus Ägypten herausgeführt hat, aus der Sklaverei.
Du sollst keine anderen Götter haben.
Und mache dir kein Bild von mir.
Du sollst den Namen Gottes nicht missbrauchen.
Du sollst den Schabbat als Ruhetag feiern.
Du sollst Vater und Mutter achten, damit es dir
gut geht und du lange lebst.
Du sollst nicht morden.
Du sollst nicht ehebrechen.
Du sollst nicht stehlen.
Du sollst nichts Falsches gegen deine Mitmenschen aussagen.
Du sollst niemals etwas haben wollen, was dir nicht gehört:
das Haus eines anderen, seine Frau oder sonst etwas.
So sage ich, euer Gott.

Aus der Torah, 2. Buch Mose

▶ Diese zehn Weisungen werden auch »Dekalog« genannt (griechisch = das ›Zehnwort‹). Sie sind so wichtig, dass der Torah zufolge Gott selber die Gebote auf zwei Steintafeln geschrieben und sie Mose übergeben hat.

1. Stellt Fragen an das Bild auf Seite 129 und sucht gemeinsam nach Antworten.
2. Auch Menschen, die keiner Religion angehören, halten die Zehn Gebote für wichtig. Warum?
3. Suche dir ein Gebot heraus, das dir persönlich besonders wichtig ist. Begründe deine Wahl – male oder schreibe etwas dazu. Vergleicht anschließend eure Ergebnisse.
4. Denkt an euer Zusammenleben in der Schule: Findet Regeln, die euch an die Zehn Gebote erinnern.

▶ Kurz vor dem Ersten Weltkrieg reiste der jüdische Künstler MARC CHAGALL erstmals von Russland nach Frankreich, wo er seit 1922 ständig lebte.
Noch im Alter von über neunzig Jahren gestaltete er die Fenster der Mainzer St.-Stephans-Kirche, darunter das Mittelfenster »Mose mit den Tafeln des Bundes« (1978).
Mit den Mainzer Fenstern wollte CHAGALL – »Meister der Farbe und der biblischen Botschaft« – ein Zeichen für Völkerverständigung und jüdisch-christliche Verbundenheit setzen.

Die Hebräer und dann vor allem die Israeliten, Vorfahren der Juden, waren die Ersten, die sich zu einem einzigen Gott bekannten. Juden erinnern sich mit ihren Geschichten und Festen an die Ursprünge ihrer Religion. Immer wieder geht es darin um Neuanfänge: Abrahams Aufbruch – der Auszug der Hebräer aus Ägypten – die Lebensregeln für die Befreiten. Die jüdische Religion sagt: Gott hat alle diese Wege begleitet. – Juden leben heute vor allem in Amerika und Israel.

Diese Bilder erzählen von Jesus aus Nazareth, der vor 2000 Jahren in Israel gelebt hat. Er ist kaum älter als 30 Jahre geworden, hat sich nie weiter als 150 Kilometer von seinem Wohnsitz entfernt und lebte in einem Gebiet, das kleiner ist als die ehemalige DDR. Das, was er sagte und tat, war Menschen so wichtig, dass sie es später aufschrieben, um es zu bewahren und weiterzugeben. Künstler malten Ereignisse aus seinem Leben oder komponierten Musik dazu. Was es mit diesem Mann auf sich hat und wie nach seinem Tod eine neue Religion entstand, in der er eine zentrale Rolle spielt, erfahrt ihr im Folgenden.

▶ Israel zur Zeit Jesu: ein kleines Land, das Geschichte macht.

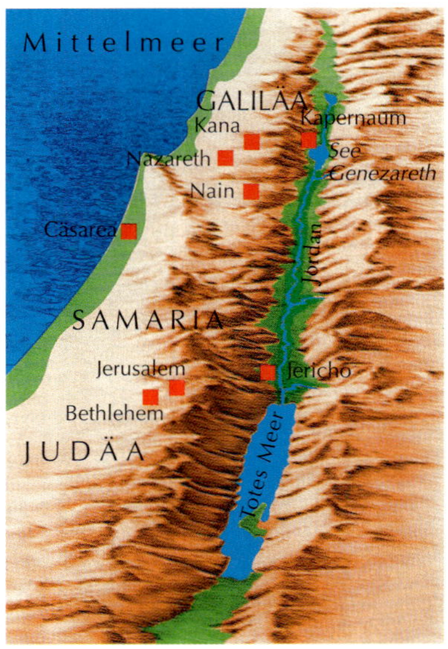

Jesu Leben

Jesus wurde in Israel geboren. Er wuchs in Nazareth, einer Stadt in Galiläa, auf. Von seinen Eltern, Maria und Josef, wurde er jüdisch erzogen. Damals war das Land von den Römern besetzt, und es herrschten Armut und Not. Die Juden hofften auf Gott, der die Welt von Gewalt und Unterdrückung befreien würde. Dann könne endlich das Gottesreich* anbrechen. Dann würde endlich Frieden sein. So verspricht es die Torah.

Jesus lernte als Kind die Torah in der Synagoge kennen. Auch für ihn war sie die Weisung, die er befolgte. Sein Vater Josef war Zimmermann und wahrscheinlich lernte Jesus ebenfalls diesen Beruf. Als er ungefähr 30 Jahre alt war, begann er, in der Öffentlichkeit über die Schriften zu predigen.

Jesus wollte die Menschen neu daran erinnern, dass die Weisung keine Last für sie sein soll, sondern dass sie sie erfüllen können, wenn sie liebevoll miteinander umgehen.

Damals gab es unterschiedliche Meinungen darüber, wann und für wen das Gottesreich komme. Viele sagten: Nur die Frommen werden in das Gottesreich aufgenommen.

Jesus verkündete: Das Gottesreich fängt jetzt an! Gott ist da, wo die Liebe ist. Das Gottesreich ist für alle da, nicht nur für die Frommen. Gott liebt die Armen und Kranken, die Verachteten und Verstoßenen. Jesus wandte sich besonders den Benachteiligten zu. Er redete mit ihnen, berührte sie zärtlich und aß mit ihnen. Viele Frauen und Männer zogen mit ihm, wenn er in den Dörfern und Städten zu den Menschen sprach. Sie nannten sich seine Jüngerinnen und Jünger. Sie wollten so leben, wie es Jesus immer wieder sagte: Behandelt die Menschen so, wie ihr selbst von ihnen behandelt werden wollt.

1. Tragt zusammen, was die Bilder über Leben und Lehre Jesu aussagen.
2. Erläutert, was Jesus durchsetzen wollte.
3. In Ländern, wo schwarze Christen leben, wird Jesus auch mit schwarzer Hautfarbe gemalt. Welche Erklärung findet ihr dafür?
4. Überlege, woran deutlich wird, dass Jesus keine neue Religion gründen wollte.

▶ *Du sollst deinen Nächsten lieben wie dich selbst.*
Liebt eure Feinde.
Tut denen Gutes, die euch hassen.
Tut es, auch wo ihr nichts dafür erhoffen könnt.
So lauten nach dem Neuen Testament, Matthäus 22 und Lukas 6, die bekanntesten Aufrufe Jesu.

Jesus erzählt von Gott

Wie lässt sich über Gott sprechen? Wie können sich Menschen etwas unter »Gott« vorstellen?

Wenn Jesus von Gott gesprochen hat, hat er oft Geschichten erzählt. In solchen Geschichten verglich er Gott mit etwas, was die Menschen aus ihrem Alltag gut kannten. So konnten sie sich manches an Gott besser vorstellen. Eines dieser Gleichnisse* ist berühmt geworden:

Ein Vater hatte zwei Söhne. Eines Tages sagte der Jüngere: »Vater! Gib mir jetzt das Geld, das du mir vererben willst.« Der Vater gab es ihm und der Sohn reiste in ein anderes Land. Dort führte er ein angenehmes Leben und verschwendete das Geld, bis er nichts mehr übrig hatte.

▶ In Israel war es damals möglich, sich das Erbe schon zu Lebzeiten des Vaters auszahlen zu lassen. Der Sohn macht also nichts Ungewöhnliches.

Zu dieser Zeit kam eine Hungersnot über das Land. Da ging er zu einem Bauern und hütete die Schweine auf dem Feld. In seinem Hunger hätte er am liebsten Schweinefutter gegessen, aber man gab es ihm nicht. Da dachte der Sohn: »Bei meinem Vater haben selbst die niedrigsten Knechte mehr zu essen als ich. Ich will heimgehen und dem Vater sagen, wie Leid es mir tut, dass ich von ihm weggegangen bin.« Also machte er sich auf den Weg.

Der Vater sah ihn schon von weitem kommen und sein Herz klopfte vor Freude. Er lief dem Sohn entgegen, fiel ihm um den Hals und küsste ihn. Der Sohn aber sprach: »Ach, Vater! Ich habe mich nicht richtig verhalten. Ich bin es nicht mehr wert, dein Sohn zu heißen.«

Doch der Vater sprach zu seinen Dienern: »Schnell, holt das beste Sonntagsgewand und zieht es ihm an! Tut ihm Sandalen an die Füße! Steckt ihm einen Ring an den Finger! Schlachtet ein Kalb! Wir wollen essen und trinken und fröhlich sein! Denn dieser mein Sohn war verloren und ist wieder gefunden.« Und sie begannen ein fröhliches Fest zu feiern.

Der ältere Sohn war auf dem Feld und hörte die Musik und die Tanzlieder. Er fragte, was da los sei und man sagte ihm: »Ein Fest! Dein Bruder ist zurückgekommen und dein Vater hat ein Kalb geschlachtet, weil er ihn heil und gesund wiederbekommen hat.«

Da ärgerte sich der ältere Sohn und wollte das Haus nicht betreten. Aber sein Vater ging zu ihm hinaus und bat ihn hereinzukommen. Der ältere Sohn sagte wütend: »Die ganze Zeit habe ich für dich gearbeitet. Doch nie hast du mir auch nur ein Ziegenböcklein geschenkt, damit ich mit meinen Freunden hätte ein Fest feiern können. Und nun kommt der nach Haus, nachdem er all sein Geld rausgeschmissen hat, und du lässt ihm das fetteste Kalb schlachten!« Der Vater antwortete: »Du warst und bist immer bei mir, und alles, was mein ist, ist auch dein. Doch dein Bruder war tot und verloren – und nun ist er wieder bei uns und lebt! Ist das nicht ein Grund zum Feiern? Komm, mein Kind. Feiere mit uns!«

Nach dem Neuen Testament, Lukas 15

▶ *Ein Mensch*
Da findet man einen Menschen
der ein Mensch ist
ein Mensch bleibt
und die Menschen für Menschen hält
weil er ein Mensch ist
Unfaßbar so ein Mensch.

Susanne Hennemann

Pompeo Batoni,
Die Heimkehr des verlorenen Sohnes.
Öl auf Leinwand, 1773

1. Vergleicht das Bild von Batoni mit der Bibelgeschichte: Tauscht euch aus, welche Gemeinsamkeiten und welche Unterschiede ihr feststellen könnt.
2. Gliedert die Geschichte, sprecht euch untereinander ab und malt das Gleichnis als Bildgeschichte.
3. Überlegt, was die einzelnen Personen bei der Rückkehr des Sohnes denken und fühlen.
4. Das Gleichnis trägt in vielen Bibelausgaben die Überschrift »Der verlorene Sohn«: Wer ist damit gemeint? Begründe deine Meinung. Findet eine andere passende Überschrift für das Gleichnis.
5. Im Gleichnis erzählt Jesus von Gott: Was könnt ihr über den Gott Jesu in Erfahrung bringen?

Die Sache Jesu geht weiter

Nicht alle hörten Jesu Worte über Gott, seine Erklärungen zur Torah, gerne. Jesus stieß auch auf Ablehnung. Als er um das Jahr 33 mit seinen Freundinnen und Freunden nach Jerusalem ging, um dort das Passahfest zu feiern, wurde er von den römischen Behörden festgenommen. Wahrscheinlich fürchteten die Römer Unruhen.

Jesus wurde vor ein Gericht gestellt. Der römische Statthalter Pilatus verurteilte ihn zum Tode, ließ ihn foltern und an einen Holzbalken hängen; dort starb er nach tagelanger Qual.

Nach seinem Tod fanden sich viele seiner Anhänger rasch wieder zusammen. Das Neue Testament enthält Geschichten, die ein unerwartetes Bekenntnis enthalten: Jesus ist einigen seiner Jüngerinnen und Jünger als der Lebende erschienen, auf seltsam-wunderbare Weise. Seine Sache ging weiter.

▶ Jesus wurde von Anhängern gern als der »gute Hirte« bezeichnet. Die Bilder stammen aus unterirdischen Grabanlagen, auch Katakomben genannt.

Abbildung links: In Rom gab es zahlreiche Katakomben. Dort findet man die frühesten Zeugnisse christlicher Kunst: Bilder und Inschriften verzieren die Gräber der Christen.
Abbildung rechts: »Christus als guter Hirte«, Wandmalerei, Rom Priscilla-Katakomben, 3. Jahrhundert.

Mit Jesus, so sagten seine Anhänger, hat der Frieden begonnen. Er ist der erwartete Messias*, der das Gottesreich gebracht hat, der Christus. Und so nannten sie sich Christen. Als Zeichen ihres neuen Glaubens und Lebens ließen sie sich mit Wasser taufen. Sie versuchten so zu leben, wie Jesus es gepredigt hatte. Die Christen bildeten Gemeinden und feierten Gottesdienste, in denen sie sich an Jesu letztes Pessach-Mahl, an seinen Tod und seine bleibende Bedeutung erinnerten. Täglich kamen die Jesus-Anhänger zusammen, um ihren Glauben zu leben. Sie waren so sehr ein Herz und eine Seele, dass sie sogar ihren Besitz miteinander teilten.

Die Römer sahen das alles sehr ungern, zumal die Christen sich weigerten, die Kaiser als Götter zu verehren. So wurden die christlichen Gemeinden hart bedrängt und verfolgt.

An der Verbreitung des christlichen Glaubens nahm im ersten Jahrhundert ein Mann namens Paulus teil, der zuerst ein leidenschaftlicher Gegner der Christen war. Als er später selber zum Christen wurde, begann er mit großem Eifer, seinen neuen Glauben weiterzutragen. Er reiste von Kleinasien nach Italien und gründete dort neue Gemeinden. Zugleich schrieb er während dieser Reisen aufmunternde Briefe an verschiedene Mitchristen und Ortskirchen. Auf dem Weg nach Jerusalem wurde er schließlich verhaftet und enthauptet.

▶ Einige dieser Briefe sind erhalten. Im Neuen Testament sind sie gesammelt. So gibt es zum Beispiel den Brief an die Römer.

Erst 313 erlaubte Kaiser Konstantin die Ausübung der christlichen Religion. Gut sechzig Jahre später war das Christentum schon die herrschende Religion. Von Rom aus breitete sich der christliche Glaube weiter aus. Zugleich verblassten die menschenfreundlichen Anteile der neuen Religion: Bereits gegen Ende des vierten Jahrhunderts wurden andersgläubige Menschen hart bestraft.

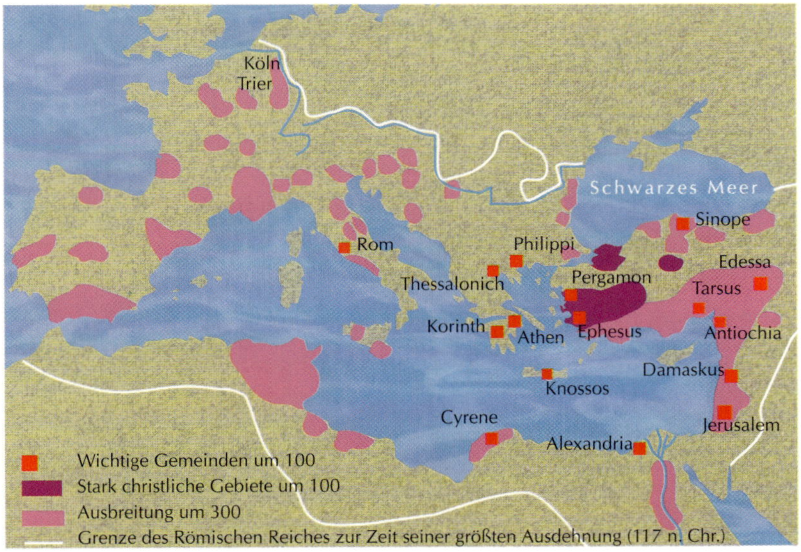

1. Sucht die Orte, an denen Jesus war, auf der Israel-Karte (Seite 130). Erstellt dann einen Steckbrief zum Leben und Wirken Jesu.
2. Überlegt, warum christliche Künstler in Zeiten der Verfolgung Jesus oft als »guten Hirten« gemalt haben.

Jesus von Nazareth legte für die Menschen in Israel die Torah aus und versuchte, ihnen den Willen Gottes deutlicher zu machen. Dabei rief Jesus die Menschen vor allem dazu auf, einander zu lieben. Frauen und Männer folgten ihm nach. Nach seinem Tod bildeten sich Gemeinden, die Jesus als den erwarteten Messias bezeichneten. Heute ist das Christentum die mitgliederstärkste Religion der Welt.

Muslime – fremde Nachbarn?

Über das Erscheinungsbild des Islam gibt es bei uns unterschiedliche Meinungen. Hier und da machen sich auch Ängste und Vorurteile* gegenüber den fremden Nachbarn breit; noch immer wissen viele Menschen nur wenig über Muslime.
Der Koran lehrt die Muslime: Gott ist den Menschen näher als ihre eigene Halsschlagader; er hat immer wieder durch Propheten zu den Menschen gesprochen und sich ihnen gezeigt: Abraham, Mose, Jesus – und zuletzt Mohammed.
Wer aber war Mohammed – der Mann, der den Koran empfing und dieses Buch den Menschen überbrachte? Wo lebte er? Was für ein Leben führte er? Wofür setzte er sich ein?

Buchminiatur, Türkei Ende 16. Jahrhundert: Mohammed im Gespräch mit Mose und dem Engel Gabriel; seine Gesichtszüge sind nicht erkennbar.
Mohammed setzte sich als Erster für den »Islam« ein – die »Hingabe und Ergebung an den Willen Allahs«.

Das Leben Mohammeds

Mohammed wurde in Mekka geboren. Nach der christlichen Zeitrechnung war das im Jahr 570. Damals lebten die Menschen in Stämmen, und Mohammed gehörte zum Stamm der Kuraisch, der in Mekka herrschte. Dort befand sich auch ein altes Heiligtum, die Kaaba*, wo viele Götter verehrt wurden. Die Kuraisch kümmerten sich um die Pilger, die der Stadt und auch dem Stamm großen Reichtum brachten. Mohammeds Eltern starben früh, und so sorgte sein Onkel für ihn. Mohammed wurde Karawanenführer und galt als besonders zuverlässig. Chadidscha, eine reiche Geschäftsfrau, hörte von ihm und nahm ihn in ihre Dienste. Später heirateten die beiden und bekamen Kinder.
Mohammed zog sich einmal im Jahr auf den Berg Hira zurück, um zu beten und zu fasten. Und in einer Nacht, so heißt es im Koran, kam dort der Engel Gabriel zu ihm und verkündigte ihm, dass Gott ihn zu seinem Propheten machen wolle (vergleiche auch Seite 122).

LEON BELLY, *Pilgerkarawane auf dem Weg nach Mekka, 1861*

So begann Mohammed, in der Öffentlichkeit von Gott zu sprechen. In seiner Heimat gab es einige Juden und Christen. Mohammed glaubte wie sie an einen einzigen Gott, nannte ihn aber ›Allah‹. Das ist das arabische Wort für Gott.

In Mekka rief er seinen Landsleuten zu: Es gibt keinen Gott außer GOTT. Die Kuraisch wollten aber diese Botschaft nicht hören. Sie waren ja auf die vielen Pilger angewiesen, die in Scharen nach Mekka kamen und dort die Götter bei der Kaaba anbeteten. Die sollte man doch in Ruhe lassen! So wurde Mohammed von vielen zurückgewiesen und bedroht. Da verließ er Mekka – es war das Jahr 622 – und zog nach Medina. In diesem Jahr beginnt die islamische Zeitrechnung.

In Medina entstand bald eine neue Gemeinschaft von Gläubigen. Wichtig war nicht mehr die Zugehörigkeit zu einem bestimmten Stamm, der den einzelnen schützte. Der Islam, der Glaube Mohammeds und seiner Anhänger, gab ihnen jetzt Schutz.

Mohammed wurde Oberhaupt und militärischer Führer der Stadt Medina und kämpfte dann auch gegen Mekka. Nach dem Sieg konnte er 630 in seine Heimatstadt zurückkehren.

Im Jahre 632 starb Mohammed in Medina. Dort wurde er auch begraben. Unter Muslimen wird erzählt, dass Mohammed mit seinem Pferd in den Himmel geritten sei. Im Jerusalemer Felsendom ist noch heute ein Teil jenes Felsens zu sehen, von dem aus Mohammeds Ritt begonnen haben soll.

1. Welche Meinungen über Muslime kennt ihr?
2. Sprecht über Mohammeds Anliegen. Was wollte er erreichen?
3. Überlegt, warum sich Muslime ganz bewusst nicht als »Mohammedaner« begreifen.

▶ Mekka und Medina waren große Oasen- und Handelsstädte, wo viele Kaufleute lebten. Sie liegen heute in Saudi-Arabien, deren König der »Wächter« der großen Moscheen beider Städte ist.

Muslime sprechen über Allah

Menschen aller Religionen fragen sich immer wieder, wie Gott ist, was sie von ihm wissen können, wo er sich zeigt.

Hier werden euch Geschichten, Bekenntnisse und Koranverse vorgestellt, die alle etwas über Gott Allah sagen – so wie Muslime an ihn glauben:

In einer großen Stadt waren alle Leute blind. Eines Tages besuchte ein König dieses Gebiet und lagerte mit seiner Armee in der nahen Ebene. Er besaß einen großen Elefanten, der seinen Leuten diente. Da wollten die Leute diesen riesigen Elefanten sehen und eine Anzahl der Blinden machte sich auf und jeder eilte hin, um seine Gestalt und Form festzustellen. Sie kamen hin und da sie ja nicht sehen konnten, tasteten sie ihn mit ihren Händen ab. Jeder berührte irgendeinen Teil des Elefanten und gewann so eine Vorstellung von ihm. Als sie in die Stadt zurückkehrten, versammelten sich die Zurückgebliebenen erwartungsvoll um sie und fragten nach der Gestalt des Elefanten. Da berichteten sie von ihren Eindrücken. Einer, dessen Hand das Ohr des Elefanten betastet hatte, sagte:«Er ist ein großes und schreckliches Wesen, breit und rauh und flach wie ein Teppich.« Der, dessen Hand den Rüssel betastet hatte, sagte:«Ich fand, er ist lang und innen hohl, wie ein Rohr; ein furchtbares Wesen und ein Mittel der Vernichtung.« Und der, der die dicken, festen Beine des Elefanten betastet hatte, sagte:«Soweit ich erkennen konnte, ist seine Gestalt aufrecht wie eine Säule.«

▶ Dieses alte Gleichnis wird in verschiedenen Kulturen* erzählt. Eine Überlieferung stammt aus dem Islam.

Jeder hatte nur eines der Glieder betastet, und alle lieferten eine unzureichende Beschreibung des Tieres. Keiner erkannte das Ganze. Ebenso kennt der Mensch das Wesen der Gottheit nicht und auch die Gelehrten können darüber nichts in Erfahrung bringen.

Nach Hubertus Halbfas, Die Blinden und der Elefant

Die 99 Namen Allahs

Der Islam sagt von Gott, Allah, dass er 99 Namen habe. Jeder von ihnen zeigt eine seiner Eigenschaften. Er heißt: *der Schöpfer, der die Ungehorsamen bestraft, der Richter, der Friedliebende, der Schöne, der Barmherzige, der Großzügige, der Unvergleichliche* und so weiter. Der 100. Name Allahs gilt als ein Geheimnis. Fromme Muslime erfahren ihn erst nach ihrem Tod im Paradies.

»Das Wort Allahs ist das Höchste«
Sure 9,40

Gott hat euch reich gemacht

So steht es in einer Koransure: *Deswegen: Reißt euer Herz weit auf. Kümmert euch um die Armen, verstoßt nicht die Bettler.*

1. Was fällt euch auf, wenn ihr das Gleichnis von den Blinden und dem Elefanten mit der Aussage über die 99 Namen Allahs vergleicht?
2. Sprecht darüber, was Muslimen wichtig ist.
3. Kennt ihr Muslime? Befragt sie zu ihrem Glauben.

Die Kaaba
Auch für Mohammed war die Kaaba ein ehrwürdiger Ort. Sie ist heute das größte Heiligtum im Islam: ein würfelförmiger Steinbau in Mekka. Es gibt mehrere Überlieferungen, die über ihren Ursprung erzählen. Eine sagt: Abraham soll diese Stätte zur Erinnerung an Gott gestiftet haben. Die Pilgerfahrt nach Mekka zählt zu den Pflichten eines jeden Muslim und jeder Muslima.

Die arabische Kultur kommt nach Europa
Der Islam fasste bald Wurzeln auch in Nordafrika, Spanien und Südfrankreich. Dadurch kamen die christlichen Länder in Kontakt mit der arabischen Kultur. Kaufleute brachten neue Dinge mit und die Erkenntnisse der arabischen Wissenschaftler gelangten nach Europa. Die Zahlen, die wir benutzen, sind arabische Zahlen. Und viele Wörter, die wir wie selbstverständlich benutzen, sind arabischen Ursprungs: *Alkohol, Ingwer, Orange, Aprikose, Jacke, Pantoffel, Atlas, Kaffee, Papagei, Banane, Kümmel, Reis, Bluse, Laute, Schach, Bohne, Limonade, Ziffer, Giraffe, Mandoline, Zimt, Gitarre, Mütze, Zucker.*

Was Muslime zusammenhält
Fünf Pflichten sind es, die Muslime aller Länder bis heute verbindet. Diese fünf »Säulen« tragen den Islam wie Pfeiler ein Haus. Anhänger des Islam
– bezeugen in ihren täglichen Gebeten (1):
Es gibt keine Gottheit außer GOTT *und Mohammed ist sein Prophet.*

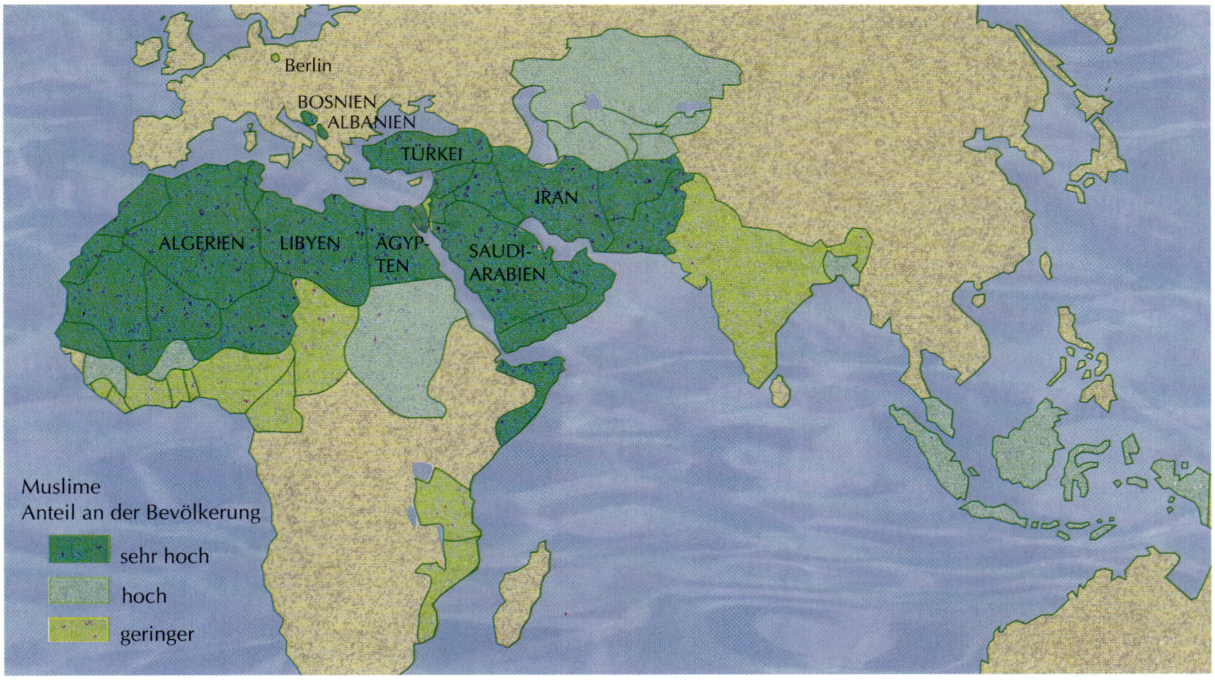

Bewusste Muslime

– verrichten täglich fünf Gebete, mit genau festgelegtem Ablauf in Richtung Mekka (2);

– fasten im Monat Ramadan. Einzelheiten erfahrt ihr auf der nächsten Doppelseite (3);

– geben nach dem Ramadan-Fasten einen kleinen Teil ihres Besitzes an Arme ab. Die Abgabe wird nicht überwacht (4);

– fahren einmal im Leben nach Mekka (5).

▶ Der Islam ist eine weit verbreitete Religion: Unter uns leben fast drei Millionen Muslime; die meisten von ihnen sind in den letzten Jahrzehnten nach Deutschland zugewandert.

1. Ordnet die ursprünglich arabischen Wörter von Seite 140 nach verschiedenen Bereichen. Über welche Kenntnisse der Araber geben sie euch Auskunft?

2. Betrachtet die Karte. Nehmt einen Atlas (auch dies ist ein arabisches Wort!) und nennt Länder, in denen der Islam die vorherrschende Religion ist.

3. Tauscht euch aus, welche ›Spuren‹ des Islam es in eurer Umgebung gibt.

Im arabischen Raum entstand im 7. Jahrhundert aus den Wurzeln von Judentum und Christentum der Islam. Mohammed, der Prophet, verkündete den Glauben an Allah, den einen gerechten Gott, wie er im Koran bezeugt ist. Für den Islam ist Mohammed der letzte Prophet, dem sich Gott gezeigt hat. Wer Muslim ist, verehrt Allah und versucht, sich nach seinen Geboten zu richten.

Miteinander – Gegeneinander

Jeden Donnerstag frühstückte die Klasse 8d in der großen Pause zusammen mit ihrem Klassenlehrer. So war es auch an diesem Tag. Das Pausenzeichen war kaum verklungen, als jeder zu seiner Tasche griff, um das Mitgebrachte hervorzuholen. Herr Pähler, der Klassenlehrer, hatte diesen Brauch mit der Klasse abgesprochen. Und es machte allen Spaß. Manche tauschten sogar ihr Frühstück.

»Hallo, Murad«, rief Karin durch die Klasse. Sie saß nämlich in der letzten Reihe, und Murad hatte seinen Platz vorne. »Hast du wieder Fladenbrot dabei?« – »Nee«, antwortete Sven für seinen Freund. »Murad isst nichts. Es ist Fastenmonat, Rama ... Rama ... dingsbums.« Herr Pähler sah zu den Jungen hinüber. Tatsächlich, während auf allen Tischen Brotpapier oder Obst zu sehen war, sah man bei Murad eine

▶ Juden, Christen und Muslime blicken heute auf eine lange gemeinsame Geschichte zurück: auf gute friedliche, aber auch auf böse kriegerische Zeiten.
Auch im Alltag ist nicht immer ›Friede, Freude, Eierkuchen‹, wenn Menschen aus verschiedenen Religionen zusammenleben.

blanke Tischplatte. Ortwin nahm spontan seine Banane und reichte sie hinüber, aber Murad schüttelte nur den Kopf. »Danke. Ich möchte nicht.« Michael hielt ihm die Tüte Kakao hin. Aber Murad wehrte erneut ab. »Idiot.« Michael reagierte verärgert. Wie konnte jemand so blöd sein! Nun schaltete sich Herr Pähler ein, indem er sich an Murad wandte: »Hat der Ramadan heute begonnen?« – »Nein, gestern. Und ich darf in diesem Jahr zum ersten Mal mit meinen Eltern zusammen fasten.« – »Den ganzen Tag?« – »Von Sonnenaufgang bis Sonnenuntergang; danach dürfen wir das Fasten brechen.«

Inzwischen war es in der Klasse still geworden. Alle kauten oder tranken und hörten interessiert zu. »Hör mal«, Peter war aufgestanden und ging zu Murad hinüber, »wenn dich dein Vater dazu zwingt, dann kannst du es zu Hause tun, aber hier doch nicht. Von uns verrät dich keiner.« Einige der Jungen und Mädchen schauten fast mitleidig zu

▶ Gefastet wird in jeder Religion an bestimmten Tagen: Weil man nichts isst, sollen und können sich die Gläubigen mehr auf die Gedanken und das Gebet konzentrieren.
Muslime fasten während des Ramadan, des neunten Monats des islamischen Kalenders. Von Morgengrauen bis zum Sonnenuntergang darf nichts gegessen werden.
Erst in der Nacht trifft man sich zu gemeinsamer üppiger Mahlzeit.

Murad hinüber, der aber schüttelte den Kopf. »Guck mal, Kenan isst doch auch. Ihr seid doch beide Türken«, fügte Peter hinzu.

Jetzt reagierte der sonst eher zurückhaltende Murad scharf: »Ich bin Muslim. Ich faste.« – »Na«, beruhigte ihn Herr Pähler. »Wenn du deine Pflichten erfüllst, dann ist es gut; und niemand darf dich deswegen angreifen. – Weißt du, die meisten von uns wissen von deiner Religion, dem Islam, nicht viel. Ich habe daher eine Bitte. Während des nächsten Frühstücks am kommenden Donnerstag erzählst du uns allen etwas über den Ramadan. Geht das?« – »Klar. »

Murad zögerte einen Augenblick.

»Willst du noch etwas?« Der Lehrer sah seinen Schüler fragend an. »Tja, hm ... ich habe einen Vorschlag.« – »Und welchen?« – »Also, bei uns in der Moschee lädt immer eine Familie die anderen zum Fastenbrechen am Abend ein. Wer Lust hat, der kommt dann in die Teestube.

Für den nächsten Donnerstag hat mein Vater uns in die Liste der Gastgeber eingetragen; und er hat mich gefragt, ob ich meine Klasse einladen will.« – »Alle?« Peter schaute Murad erstaunt an. »Unsere Moschee liegt am Ende der Gneisenaustraße am Nordring.«

Herr Pähler sah in die Runde. Als er überall auf den Gesichtern freudige Zustimmung sah, wandte er sich an Murad. »Sag deinen Eltern, dass wir gerne kommen. Aber vorher fragt jeder zu Hause, ob er Donnerstagabend in die Moschee kommen darf. Am Montag sind wir wieder hier zusammen, dann sagt jeder, wie seine Eltern entschieden haben, sodass du deinen Eltern mitteilen kannst, wie viele von uns kommen.«

Murad strahlte über das ganze Gesicht. Ungläubig fragte er: »Ihr kommt wirklich?«

Nach Wolf D. Aries: Die Einladung

▶ Für die Entscheidung über den genauen Beginn der Nacht haben Muslime eine einfache Hilfe: Sie halten einen schwarzen und einen weißen Faden hoch. Kann man die beiden nicht mehr unterscheiden, ist die Dunkelheit angebrochen und man darf wieder essen und trinken.

▶ Auf den beiden Fotos dieser Seite seht ihr, wie eine türkische Familie das Ende des Ramadan feiert.

▶ Der Islam ist nicht weit entfernt vom Äquator entstanden. Je weiter man nach Norden kommt, desto kürzer werden im Sommer die Nächte und desto schwieriger wird es, das Fasten einzuhalten. Sprecht darüber, warum es für Muslime auch aus anderen Gründen schwierig ist, den Ramadan einzuhalten, wenn sie in Deutschland leben.

Was sich ändern muss

Immer mehr Menschen sorgen sich um den Zustand unserer Erde. Vor einiger Zeit haben religiöse Menschen – Vertreter einer ökumenischen Versammlung – folgenden Brief an die Kinder geschrieben:

Liebe Kinder!

Die Erde, auf der wir leben, ist beinahe zerstört. Schuld daran sind wir, die Erwachsenen. Aber viele haben es doch noch bemerkt. Deswegen haben sich zum dritten Mal Menschen getroffen, um darüber nachzudenken, was zur Rettung der Erde geschehen muss. Das ganz Besondere an diesem Treffen war, dass es Leute sind, die alle an den einen Gott glauben, das aber auf verschiedene Weise tun. Man kann auch ökumenische Versammlung dazu sagen. Aber eigentlich sind sie Väter und Mütter, Großväter und Großmütter, kurz: Es sind Leute, die auch in eurem Haus wohnen könnten. Was haben wir gemacht? Wir haben nachgedacht und gebetet und wieder nachgedacht, was zu tun ist mit einer Welt, die wir euch ziemlich kaputt übergeben.

Dann haben wir die Ergebnisse aufgeschrieben.

*Hier sind die wichtigsten: Wir alle müssen aufpassen, dass es noch lange Zeit Bäume gibt, die in einen blauen Himmel wachsen können. Wir alle müssen uns dafür einsetzen, dass niemand mehr einen anderen Menschen in einem Krieg erschießt. Wir alle müssen teilen lernen, damit niemand mehr verhungert. Wenn wir müde geworden sind, müsst ihr an unsere Stelle treten. Das ist eine schwere Aufgabe, auf die man vorbereitet sein muss. Deswegen haben wir euch ein wenig von der Ökumenischen Versammlung erzählt. Glaubt nicht, dass wir alles wissen, aber glaubt, dass wir alles tun wollen. Wir grüßen euch und danken, dass ihr uns zugehört habt. Übrigens: Wir waren in Dresden. Dort hat es oft geregnet und Rauchen im Haus war verboten. SCHALOM**

▶ Im Laufe der Geschichte hat sich die christliche Religion in zahlreiche Kirchen aufgespalten. Christen aus verschiedenen Kirchen versuchen, die ursprüngliche Einheit durch gemeinsames Beten und Handeln wieder in Erinnerung zu rufen (Ökumene*). Auch zwischen unterschiedlichen Religionen gibt es zunehmend Bemühungen, stärker aufeinander zuzugehen …

▶ Ökumenische Versammlungen haben auch durch Mahnwachen geholfen, 1989 die Wende in der DDR herbeizuführen.

Schauen – begreifen – selber handeln

1. Spielt die Geschichte der 8d nach. Wie könnte die Geschichte auf Seite 143 weitergehen?
2. Murad sagt, er darf zum ersten Mal mit seinen Eltern fasten. Warum ist er so stolz darauf, obwohl das Fasten ihm viele Anstrengungen abverlangt?
3. Überlegt, was in der Teestube passieren wird.
4. Sprecht über den Brief der Ökumenischen Versammlung an die Kinder. Haben die Schreiber etwas vergessen? Schreibt einen Antwortbrief!
5. In dem Tagungshaus war das Rauchen verboten. Entwickelt Verbotsschilder für all das, was von Erwachsenen nicht mehr getan werden darf, damit die Kinder eine Zukunft haben. Entwickelt auch Erlaubnisschilder, was getan werden muss.
6. Vertreter einer ökumenischen Versammlung stammen aus unterschiedlichen Kirchen, manchmal auch Religionen. Welche Gemeinsamkeiten haben sie?
7. Auch in eurer Schule gibt es viele Gesichter:
Aus welchen Ländern kommen die Kinder? Gehören Sie einer Religion an? Welcher?
Startet eine Umfrage!

Religionen bewahren grundlegende Einsichten der Menschheit. Juden, Christen und Muslime haben zu vielen Fragen, die in der Gegenwart wichtig sind, gemeinsam etwas zu sagen. Manchmal ist die Religion jedoch auch Grund für Streitereien.

Religionen haben viele Gesichter – wir schauen sie uns an

Religionen haben nicht nur eine lange Geschichte; sie haben auch viele Gesichter.
Sie prägen unsere Welt mehr, als das manchmal sichtbar wird.
Schaut euch um:
Lest die Aufträge, bildet Kleingruppen und macht euch auf Entdeckungsreise.
Anschließend ist Zeit, eure Einsichten und Erfahrungen auszutauschen.
Überlegen könnt ihr auch: Wie sieht eine menschenfreundliche Religion aus?
Indem ihr euch mit diesen beiden Seiten genauer beschäftigt, werden eine Reihe von Materialien entstehen, fast nebenbei. Vielleicht wollt ihr am Ende gemeinsam mit einer Religionslerngruppe ein buntes »Eine-Welt-Fest« gestalten, wo ihr eure Ergebnisse anderen Kindern vorstellt oder sogar euren Eltern?
Probiert es doch einmal aus.

Was ein Baum mitteilen kann

– Welche Informationen sind euch schon bekannt, was erscheint euch neu?
– Bäume bilden Samen, der allmählich größer wird;
bald reifen die ersten Früchte: gute, aber auch faule sind darunter:
Ob es euch möglich erscheint, Früchte am Baum der Religionen zu benennen?
– Wie wär's, wenn ihr einen eigenen Baum der Religionen malen würdet?
Die gezeichneten Früchte könnt ihr dann so beschriften, wie ihr es für richtig haltet.
– Schließlich wartet eine ganz besonders anspruchsvolle Aufgabe: Ihr könnt eigene Handzettel schreiben. So informiert ihr andere Kinder über die Weltreligionen, die ihr kennen gelernt habt.

Auf dem Weg zur Einen Welt?
Tipps zum Nachdenken und Weitermachen:

– Findet Beispiele, wo Religionen gegeneinander kämpfen und Krieg führen.
– Was würden Abraham, Mose, Jesus und Mohammed zu alledem sagen? Erfindet ein Gespräch zwischen den vieren, in dem sie sich über Gott und die Welt unterhalten.
– Erörtert, ob Juden, Christen und Muslime an einen gemeinsamen Gott glauben.
– Gestaltet eine Collage zum Thema: Die Religionen und unsere Welt – miteinander und gegeneinander.

Unsere Erde – mein Planet

Geht hinaus auf den Schulhof
und noch ein Stück weiter.
Wandert die Straße entlang
zum Stadtpark, zur Wiese,
zum Wald.
Lasst euch Zeit.
Streckt eure Fühler aus
in Sonne und Wind.
Später, nach dem Picknick,
zeichnet die Erdkugel
in den Sand, darauf den Weg,
den ihr gegangen seid.
Wer will, kann davon erzählen:
Das ist mir so eingefallen –
unterwegs.

Das Bild von der Mühle

Was macht sie noch, die alte Wilhelmina? Sie steht da, nachts angeleuchtet, aber selten drehen sich ihre Flügel. Was hat sie noch zu tun? Korn braucht sie nicht zu mahlen, Holz nicht zu schneiden, Wasser nicht aus dem flachen Küstenland zu pumpen. Das alles leisten moderne Werke schneller, in viel größeren Mengen, für sehr viele Menschen, ganz nach Bedarf. Sie brauchen nicht auf guten Wind zu warten. Sie können jederzeit laufen, mit Strom aus dem Energienetz. In Holland hatte Wilhelmina vor fünfzig Jahren noch 10 000 Schwestern, jetzt sind es 1031. Aber einmal im Monat ist Mühlentag. Dann läuft auch Wilhelmina.
Wie ihre Flügel rauschen ... Seid ganz still ... Hört darauf, was sie erzählen ... Erinnert euch an Mühlen, die ihr gesehen habt.

▶ »Um die Mühlen als Zeugnisse einer untergehenden und vergangenen Kultur* und Technik wenigstens zu einem kleinen Teil zu erhalten, ist eine starke Interessenvertretung nötig. Die Mühlen symbolisieren einen Umgang mit der Natur, der uns verloren zu gehen droht und an den wir uns erinnern müssen, um unser eigenes Verhalten neu bestimmen zu können.«
So wirbt eine Mühlenvereinigung.

1. Wilhelmina hat viel zu sagen. Wer erzählt darüber?
2. Beschreibt Mühlen, die ihr gesehen, vielleicht sogar besucht habt. Sagt auch, wozu sie dienten.
3. Erkundigt euch, woher die alten Mühlen ihre Energie beziehen.

Das ist die Geschichte einer sechsten Klasse, die nach dem Woher und Wohin unserer alten Erde fragte. Dabei kamen Mühlen ins Spiel. Während sie sich drehten in Sonne und Wind, schaute die Klasse immer weiter – hinter die Dinge und rund um die Welt. Wie es anfing, hat ein Schüler aufgeschrieben:

Lewins Protokoll

Nach dem Klingeln hat Frau Mierau die Fenster aufgemacht und gesagt: »Wir genießen richtig die Morgenluft. Wir atmen sie ein, zählen dabei bis drei. Wir atmen aus, zählen dabei weiter bis zehn.« Wir haben bis hundert geatmet. Danach warf Frau Mierau eine Mühle an die Wand (Overhead). Sie sagte: »Wenn ich solch ein Bild sehe, draußen oder in Büchern, geht mir vieles durch den Sinn.« Sie fragte: »Euch auch?« Leska meldete sich. Sie wollte einen Sitzkreis. Wir bildeten ihn. Dann hat Frau Mierau noch mal gefragt. Und Martin hat geantwortet: »Ich war noch nie in einer Mühle.« Nora: »Ich auch nicht, aber ich mag Märchen und Sagen darüber. Manche sind lustig, manche gruselig.« Sie erzählte auch gleich von einem Pumphut. Danach sagte Kjell: »Ich bin oft in Mühlen. In einer wird sogar gemahlen. Da staubt es und rumpelt und riecht es gut.« Kjells Eltern meinen: Mühlen helfen der Erde, ihre Energie zu sparen. Sie nutzen nämlich die Kräfte von Sonne und Wind. Frau Mierau meinte das auch. Sie hat ein Brot auf den Tisch gelegt, es für uns alle geteilt, dann zur Sonne gezeigt und gesagt: »Sie gibt uns alle Energie und ist schön. Ein Wunder. Schon immer haben sich Menschen gefragt, woher die Sonnenkräfte kommen. Wollen wir mitfragen?« Alle nickten. »Dann müssten wir erst einmal weit reisen«, sagte Frau Mierau. Und sie fragte: »Wollen wir?« Fast alle waren einverstanden. Dann diktierte sie die Aufgaben für Gruppenarbeit:*

1. Gestaltet ein Blatt zum Thema »Das gibt mir die Sonne«.

2. Beschreibt eure Erfahrungen und euren Umgang mit Brot. Tauscht die Ergebnisse aus und diskutiert sie.

3. Tragt Geschichten der Völker von den Kräften und Gaben der Natur zusammen: Informiert euch in einer Bücherei; vielleicht können euch auch Eltern oder Großeltern weiterhelfen?

Sehen wir Mühlen, fällt uns manches ein: Sagen* beispielsweise oder das Märchen vom gestiefelten Kater. Mühlen stehen auf der Erde. Sie laufen mit Wind- oder Wasserkraft. Diese Kräfte kommen von der Sonne. Von ihr leben wir.

▶ Zum Knobeln

Wer setzt die Mühle in Gang?

A. Der Müller?

B. Motoren?

C. Die Sonne?

Wer oder was ist ein Pumphut?

A. Technik zum Auspumpen voll gelaufener Wassermühlen?

B. Ein Schnorrer?

C. Ein Kobold in Spezialkleidung?

▶ Viele Märchen drehen sich um Mühlen und Müller, ebenso Sagen. In Thüringen erzählt man von einem Pumphut mit erstaunlichen Kräften.

▶ Der Mann auf dem Foto redet von einer uralten Kultur. Seine Vorfahren lebten in allen Regionen des Kontinents Australien – über Jahrtausende hinweg. 1770 landete die »Endeavour« des englischen Kapitäns James Cook an der Ostküste des Erdteils. In kurzer Zeit raubten die Eroberer vielen Ureinwohnern, die sie Aborigines nannten, Land und Leben. Nur etwa 160 000 Aborigines leben heute noch, meist in Gruppen und unter harten Umständen.

Jede Gruppe hat ihre Sammlung von Geschichten über die Entstehung von Wärme, Licht und Fröhlichkeit und über die Verbindung von Tier und Mensch.

Nach Kräften fragen

Von Kranichs Wut und Emus Ei

In längst vergangenen Zeiten gab es nur den Mond und die Sterne, aber noch keine Sonne. Ohne Sonne gab es keine Fröhlichkeit auf Erden und keine Wärme. Die Tiere waren streitsüchtig, und es war wirklich keine Freude auf Erden zu leben.

Eines Tages hatten der Emu-Ahne und der Kranich-Ahne einen Streit. Der Emu behauptete, die schöne Ebene am Fluss gehöre ihm. Der Kranich, der während des Streites sehr wütend wurde, packte das Ei des Emu und schleuderte es gegen den Himmel. Dort zerplatzte es mit lautem Knall, das Dottergelb blieb als feuriger Klecks am Himmel kleben. Plötzlich war es hell auf Erden! Alle Tiere freuten sich über den ersten hellen, warmen Sonnentag, und sie zankten nicht mehr miteinander.

Es gab den guten Geist Baiame, der wusste, dass das Eigelb verblassen würde. Deshalb häufte er Holz zu einem Stapel und zündete ein Feuer an, dessen Flammen zum Himmel emporschlugen. So blieb das herrliche, helle, warme Feuer und alle Tiere waren glücklich. Am Nachmittag wurde das Feuer matter und matter, bis abends nur noch die glühende Asche übrig war. Baiame deckte sie mit Wolken zu, damit er das Feuer am nächsten Tag wieder anzünden konnte. Nachts sammelte er dazu neues Holz. Ihr habt sicherlich schon am Abend die rot glühende Asche durch die Wolken schimmern sehen.

Emu, Rindenmalerei, 1978

Viele Geschichten sind den Aborigines heilig. Sie werden in geheimen Feiern nur in der eigenen Gruppe erzählt. Wie im Traum fühlen sie sich dann wie in alten Zeiten.
Das sind für sie die Traumzeiten.

▶ Um Eier lässt sich mächtig streiten.
Ob das Ei zuerst da war?
Aber es kam aus dem Huhn.
Ob also das Huhn zuerst da war?
Aber es kam aus dem Ei.

▶ Das Ei hat's in sich.
Der Kranich holte aus ihm die Sonne; dazu schleuderte er es hoch in den Himmel. Ihr könnt ein Ei behutsam auf die Erde legen, euch drumherum setzen und eure Gedanken einsammeln: Die Schale, schützend und zerbrechlich … Ostereier … Küken … Leben … Weltei …
Wem fällt noch etwas ein?

▶ Olympische Spiele Sydney 2000:
In Australiens größter Stadt messen Sportlerinnen und Sportler der Erde ihre Kräfte.
Sydney liegt am Meer.
In den Weiten des Kontinents regieren Sonne, Wind und Sand.

1. Malt Bilder zu den Ereignissen, von denen der Australier erzählt.
2. Der australische Ureinwohner achtet den Emu und den Kranich als seine Vorfahren. Erzählt eure Geschichten von Vorfahren.
3. Sucht in Büchern und Zeitschriften Material über den Umgang der Ureinwohner Australiens mit den Kräften und Gaben der Natur.

Vishnu unter Brüdern

Shringin und Krisha, zwei indische Brüder, sollen vom Markt Öl und Zwiebeln holen. Keiner hat Lust. Also Wort hin, Wort her. Streit. Schon will Krisha … Doch besinnt er sich und sagt: »Warte nur, Vishnu kommt, der wird es dir schon geben.«

»Und dir auch«, antwortet sein Bruder. Da müssen beide lachen.

Die beiden Brüder verehren viele Göttinnen und Götter, besonders aber Vishnu, den Gott der Gerechtigkeit, Wahrheit und Ewigkeit. Gern hören sie nach dem Abendessen ihre Mutter von ihm erzählen.

Die Welten entstehen und sie vergehen. So aber beginnt ein neuer Kreislauf des Lebens. Nachdem Shiva das alte Universum zerstört hat, gibt es nur den Ozean, wo Vishnu auf der Schlange Ananta dahintreibt. Mehr als Milliarden Jahre. Aber irgendwann wächst aus Vishnus Nabel eine Lotosblume und aus ihr Brahma, der Schöpfergott.*

Wie Brahma das Universum schafft? Manche sagen, dass er sich einsam fühlt und sich teilt, in das Männliche und das Weibliche. Dann wird er wieder eins. So entstehen die Menschen und alle Lebewesen, große

Tiere und winzige Insekten. Alles kommt aus einem – aus Brahma, der selbst ein Teil des Höchsten ist. Doch einmal lässt Shiva auch dieses Universum enden, wie alle vorigen. Dann kehren Brahma und mit ihm alle ins Höchste zurück.

Bis Vishnu erneut auf Ananta emportaucht. Der Kreislauf kann weitergehen – ewig.

Ihr fragt, woher unsere Kraft kommt, die Sonne? Viele sagen, aus dem Urei tief im Ozean unter Vishnu. Wenn es sich spaltet, lässt es die Sonne frei. Wieder, immer wieder – ewig.

Nun, schlaft gut, so seid ihr morgen wieder wie neu.

1. Begründet, warum der Gott Vishnu für die indischen Jungen Krisha und Shringin so wichtig ist.
2. Schreibt auf, wie die indischen Götter Vishnu und Shiva Erde und Weltall schaffen.
3. Gestaltet die Geschichte auf Tapetenrollen als Wandbild.

▶ Indien ist voller Schätze und voller Gegensätze. Der Schmuck, die feinen Tücher, die Bauten, die Gewürze des Landes sind weltberühmt, desgleichen seine Weisheit. So haben viele Generationen daran gearbeitet, das Wirken aller Kräfte des unendlichen Weltalls in Bilder zu fassen. Diese Bilder vom ewigen Vergehen und Werden aller Schöpfung prägen dort den Glauben von 800 Millionen Menschen, den Hinduismus.
Das Wort enthält den Namen des Flusses Indus, nach dem sich auch Indien nennt.

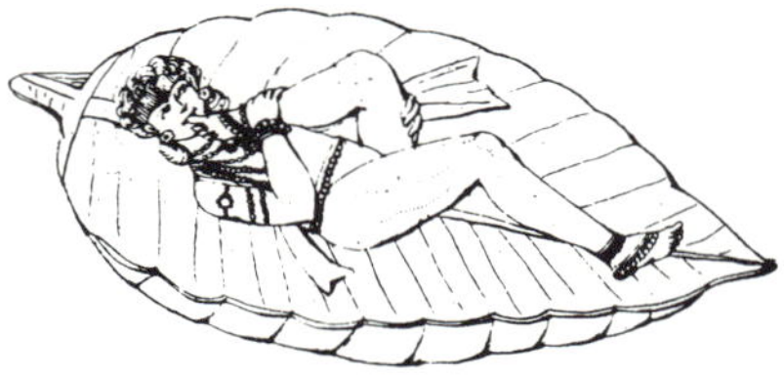

Vishnu auf dem Lotos

Aber in diesem reichen Land leben viele Millionen Bewohner in tiefer Armut, darunter ungezählte Kinder. Für allergeringsten Lohn putzen sie Schuhe, schleppen sie Steine, plagen sie sich auf Feldern und in Fabriken. Viele suchen Trost bei Vishnu und hoffen auf seine Gerechtigkeit.

▶ Kurz angeschaut, sieht eine Null aus wie ein Ei. Richtig begriffen, ist sie ein Ei. Sie ist das Ur-Ei des Zahlensystems, das altindische Mathematiker aufgebaut haben und nach dem wir rechnen. Wie im Ur-Ei der indischen Geschichte, liegt in der Null ein Ursprung, über den unentwegt weiter nachgedacht wird. Auch die indischen Mathematiker von heute gehören zu den besten Kräften der Erde.

Die Schöpfung

Seit ihrer Klassenfahrt an die Nordsee sind Esther, Maria und Fatima Freundinnen. Bei Sonne und Wind haben sie dort viel gelacht und über alles nachgedacht, über Gott und die Welt. »Die Sonne ist so schön«, schwärmte einmal Fatima. »Und so stark«, fügte Maria hinzu. Darauf kam Esther eine Geschichte in den Sinn, die sie schon oft in ihrem Gemeindehaus gehört hatte:

Am Anfang schuf Gott Himmel und Erde. Die Erde war wüst und leer, und es war finster. Da sprach Gott: »Es werde Licht!« Und es wurde Licht. Gott sah, dass das Licht gut war. Er schied es von der Finsternis. Das Licht nannte er Tag, die Finsternis Nacht. Es wurde Abend, es wurde Morgen: erster Tag.

▶ Esthers und Marias Erzählung stammt aus dem Anfang der Bibel*. Diese Geschichte ist Juden und Christen wichtig: ein Gleichnis für zielstrebige und gelungene Arbeit. Ähnlich findet sie sich im Koran* der Muslime. Bibel und Koran stammen aus derselben Gegend, wo sich Asien, Afrika und Europa berühren.

Am zweiten Tag schuf Gott das Himmelsgewölbe. Am dritten Tag sprach er: »Es soll sich das Wasser unter dem Himmel sammeln, und das trockene Land soll erscheinen.« So geschah es. Gott nannte das trockene Land Erde, das Wasser nannte er Meer. Gott sah, dass es gut war. Darauf schuf er die Pflanzen und die Bäume mit ihren Samen und Früchten.

Nun sprach Gott: »Lichter sollen am Himmel sein, zu unterscheiden Tag und Nacht und Tage und Jahre.« So schuf Gott, es war am vierten Tag, die Sterne und ein kleines Licht für die Nacht, den Mond, und für den Tag ein großes Licht – die Sonne.

»Stark«, befanden Maria und Fatima, und Esther freute sich.

Maria kannte dieselbe Geschichte aus ihrer Gemeinde. Ihr fiel ein, wie sie weitergeht:

Und Gott schuf große Walfische und alles Getier, davon das Wasser wimmelt, und die gefiederten Vögel. Das war am fünften Tag. Am sechsten hieß er auch die Erde lebendiges Getier hervorbringen. Am selben Tag schuf Gott den Menschen als Mann und Frau. Und Gott sah an, was er gemacht hatte, und siehe, es war sehr gut. Den siebenten Tag, den Tag der Vollendung, segnete Gott und heiligte ihn, weil er an ihm ruhte von allen seinen Werken.

Die Geschöpfe

Wochen später, es war Winter geworden und die drei saßen bei Fatima zu Hause, da sah Maria in einem Glasschränkchen ein prächtiges Buch stehen. Fatima bemerkte Marias Blick. So ging sie zum Schränkchen, wies auf das Buch und dachte an ihre Lieblingsstelle:

Kein Getier gibt's auf der Erde und keinen Vogel, der mit seinen Schwingen fliegt, die nicht wären Völker gleich euch.

Fatima liebt diesen Spruch aus ihrem heiligen Buch, dem Koran*. Sie will Naturschützerin werden und vielleicht sogar Imamin.

▶ Der Koran steht hier auf einem Ständer, dem so genannten Kursi. Er enthält die Schöpfungstaten Allahs und andere, dem Islam wichtige Lehren. Dies alles zu verstehen, hilft der Imam*.
Schlagt auch nach im Kapitel »Begegnungen mit Juden, Christen und Muslimen«, Seiten 110 – 147.

1. Malt eine Bildfolge zu Esthers Erzählung.
2. Begründet, warum Esther, Maria und Fatima gemeinsam auf das Schöpfungsbild schauen.
3. Der Spruch aus Fatimas Buch ist ganz schön kompliziert. Schreibt auf, wie ihr ihn versteht und deutet.
4. Vergleicht die bisherigen Erzählungen vom Ursprung der Welt und ihrer Kräfte. Haltet Ähnlichkeiten und Unterschiede fest.

Der Schöpfergott in Esthers Erzählung wusste, was er wollte. Deswegen konnte er bewerten, was er getan hatte und befinden: Es war sehr gut.

Nach Kräften blicken

1. Wer gut sehen kann, heißt es, habe Augen wie ein * * *.
2. Mehr als der * * * entdeckten die Inkas Südamerikas, die sich Söhne der Sonne nannten. Mit ihren Sonnenwarten, den Intihuatana, fanden sie heraus, wann ihnen ihr Sonnengott warme Strahlen und kühlende Tränen für die Maisfelder senden würde.
3. Riesengroß wie Dinokrallen sah der kleine Zacharias plötzlich die Käferbeinchen. Er hatte beim Spielen zwei Glaslinsen übereinander gehalten. So ›erfanden‹ holländische Kinder im Jahr 1590 das Mikroskop.
4. Der Forscher Galileo Galilei baute danach Mikroskope für seine »Akademie der Luchsäugigen«. Aber umgekehrt eingebaut, dienten ihm die Glaslinsen als ein Teleskop. Mit diesem Fernrohr erkannte er, dass sich die Sonne dreht und dass sich die Erde um die Sonne bewegt.
5. In diesem Turm wird die Sonne weiter erforscht. Er steht in Potsdam und ist nach dem Gelehrten benannt, der herausfand, woher die Sonne ihre Kraft hat. Er schuf Theorien* über das Licht, das Atom und den Kosmos.* Er liebte seine Geige und machte gern Faxen – einem Fotografen zeigte er einfach die Zunge. Wie hieß er?

▶ Genau hinsehen, die Natur beobachten und sie in Theorien erklären: So arbeiten Männer und Frauen der Wissenschaft.
Seit Jahrtausenden erweitern sie unser Wissen. Ohne ihre Leistungen würden wir nicht leben wie heute. Auch Wissenschaftler streiten, um Irrtümer zu berichtigen und neue Einsichten zu gewinnen.
Manche Entdeckungen zwingen zum Umdenken. In der »Akademie der Luchsäugigen«, wo Galilei wirkte,tagen heute die Wissenschaftler vom »Club of Rome«. Ihre Berichte warnen: Menschenwerk darf die Erde nicht ruinieren, es gibt Grenzen des Wachstums.

Ein Lama möcht ich haben
mit einem Fell von Gold,
soll strahlen wie die Sonne
hoch am Himmel hold.

Stark wie meine Liebe
soll mein Lama sein,
sanft wie eine Wolke
im Abendsonnenschein.

Möchte knüpfen, ach, so gerne
eine goldne Quipuschnur,
um zu zählen alle Sterne
und die Blumen auf der Flur.

Hirtenlied aus dem Inka-Reich

▶ Sehnsucht nach den Sternen … bewegte und bewegt Menschen. Der indianische Hirte besingt sie, die Astronautin ist ihnen näher gekommen – um ein winziges Stück, verglichen mit den Sternenweiten. Auf ihrer Raumfahrt helfen ihr Computer. Der Indianer benutzte seine Quipuschnur. Sie half ihm rechnen und träumen. Wir rechnen anders. Der Sternentraum bleibt.

▶ Ein großer Rechner war ALBERT EINSTEIN (Foto unten). Seine Theorien verhalfen zur Entdeckung der Kernenergie. Aber als er vom Abwurf der ersten Atombombe erfuhr, war er entsetzt. Er rief aus: »Oh weh!«

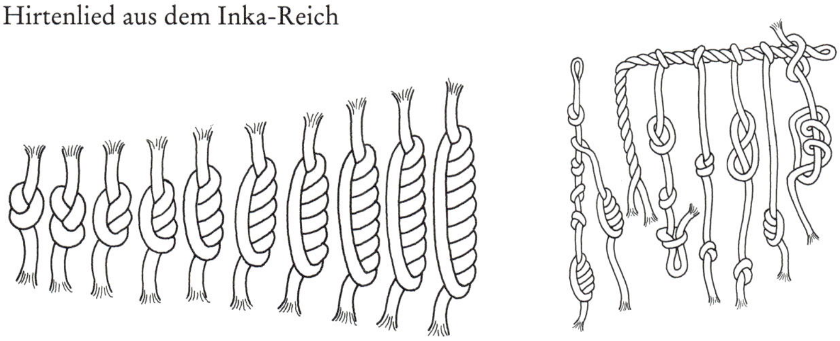

Abbildung oben: Mary L. Cleave, 1981 im amerikanischen Weltraum-Center, Houston/Texas
Abbildung links: Auf ihren Quipuschnüren stellten die Inkas Zahlen durch verschieden angeordnete Knoten dar.

1. Tragt die Erfindungen und Entdeckungen zusammen, die euch auf dieser Doppelseite begegnen: Erläutert sie!
2. Die Nummern im Bild auf Seite 158 sind durcheinander geraten. Ordnet sie und nennt die richtigen Nummern.
3. Fertigt ein Bild von der Erde im Kosmos an und tragt ein, was ihr erforschen möchtet.
4. Erzählt euch gegenseitig, wozu eure ›Entdeckungen‹ dienen sollen.
5. Macht euch Gedanken über den Ausruf von Albert Einstein und diskutiert darüber.

Seit jeher machen sich Menschen Gedanken darüber, wie sie miteinander und mit der Natur umgehen sollten. Ihre Art zu leben prägte auch ihre Vorstellungen vom Ursprung der Natur- und Menschenkräfte. Daraus entstand ein Schatz an Sinnbildern, Überlegungen und Theorien. Er muss immer wieder neu bedacht, und er muss erweitert werden. Alle Erfahrung der Menschheit wird gebraucht, damit wir zu sechs Milliarden auf der Erde und mit ihr zusammen leben können.

Wir haben Probleme

Der alte Mann
hatte unser Auto
wohl schon Dutzende Male angehalten,
um hinauszuklettern
und die kleinen Kröten aufzulesen,
die vom Scheinwerferlicht geblendet
wie lebendige Regentropfen
auf der Straße hüpften.

Regen fiel,
sein weißes Haar leuchtete im Nebel,
und ich sagte immer wieder:
du kannst sie nicht alle retten,
finde dich ab damit, steig wieder ein,
wir müssen weiter, wir haben ein Ziel.

Er aber, die ledrigen Hände voll
von nassem braunem Leben,
knietief im Sommergras an der
Straßenböschung stehend,
er lächelte nur und sagte:
auch sie müssen weiter, auch sie
haben ein Ziel.

JOSEPH BRUCHAC

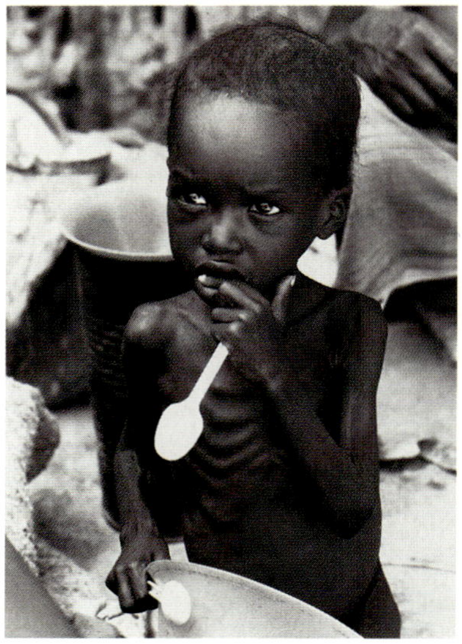

▶ Auf der Erde hungern 800 Millionen Menschen. Jedes Jahr sterben etwa 50 Millionen, darunter viele Kinder, an Unterernährung, besonders wegen Mangel an Eiweißstoffen. Hungerregion ist vor allem Afrika. Woanders erkranken viele durch übermäßiges Essen. Der Gegensatz birgt Stoff zu Konflikten.

An Kreuzwegen
Wir brauchen die Straße. Wir brauchen die Autos.
Wir brauchen das Brot, die Milch,
die Bücher, die sie heranbringen.
Wir brauchen den Schulbus.
Die Tiere kommen, auf ihrem Weg.
Dieser Weg und diese Straße kreuzen sich.
Was sollen wir tun?

▶ Tier- und Pflanzenarten verschwinden gegenwärtig in großer Anzahl. Ursache ist die Wirtschaftsweise der Menschen. Sie wirkt verheerender als die Naturkatastrophen des Erdzeitalters, in dem die Saurier ausstarben.

»Ich bin Leben inmitten von Leben, das leben will.«
ALBERT SCHWEITZER

▶ Von Deutschland bis nach Kongo: So lang wäre der Zug für eine Jahresladung Müll aus Deutschland. Die Deponien genügen nicht. Müll wird exportiert, bis nach Afrika.

▶ Trinkwasser ist Mangelware. In Europa kochen viele mit Mineralwasser, weil das Leitungswasser oft schmutzig ist. In der Dritten Welt muss eine Milliarde Menschen verunreinigtes Wasser trinken.

▶ Erdöl, Erdgas, Kohle spenden in Jahrmillionen gespeicherte Sonnenenergie. Sie werden jetzt binnen Jahrzehnten verbraucht.

Auf Denkwegen

Brauchen wir die uralten Bauten?
Steht sie nicht bloß im Weg, die Porta Nigra in Trier?
Keine Durchfahrt, kein Platz für Ladenstraßen –
Namen einkratzen, sprühen, klettern ist verboten.
Vor über 1700 Jahren bauten Römer
die Torburg gegen die Germanen. Die kamen trotzdem durch.
Heute droht den Kulturdenkmälern ein Knäuel
von Gefahren – aus der Umwelt, aus dem Unverstand.
Was sollen wir denken, was tun?

1. Bildet Problemgruppen »Erdkröte« und »Porta Nigra« (oder mit anderen Namen zu gefährdeten Tieren und Bauten in eurer Nähe), in denen ihr über mögliche Hilfen beratet. Berichtet darüber eurer Heimatzeitung.
2. Stellt Umweltprobleme zusammen. Diskutiert sie und entwerft Lösungsideen. Dazu solltet ihr die Angaben der beiden Seiten sowie Zusatzinformationen aus Sachbüchern und dem Fernsehen nutzen.
3. Schreibt auf, was ihr an einem Wochentag esst oder nascht.
4. Erkundigt euch nach Wegen, auf denen der Hunger in anderen Weltteilen überwunden werden kann.

▶ Wer ein Knäuel in den Händen hat, kann zuerst ratlos sein. Ist es zu entwirren? Man muss es probieren. Man muss suchen, wo die Fäden beginnen und sie nach und nach lockern und herauslösen. Dann kann man sie aufrollen und etwas daraus knüpfen, ein Netz zum Beispiel, Masche für Masche.

Naturleben und Menschenwelt sind auf der Erde von heute an große Probleme geraten. Manche sehen wir dicht vor Augen, andere wirken aus weiter Ferne auf uns zurück. Viele sind so verwickelt, dass sie sich nur schwer lösen lassen. Wir müssen es trotzdem versuchen – Kinder von heute auch.

Zusammenhalten

▶ Das ist das Zeichen der Hopi-Indianer: Vier Kreise für die Farben der Menschheit. Vier Bänder für die Weltviertel – den Westen als Regenspender, den Norden, der den Wind bringt, den Osten mit dem Morgenstern und den Süden, woher der Sommer kommt und die Kraft für das Wachstum. Es ist das Symbol der Harmonie und des Friedens.

Kinder der Erde

Der Bussard sieht:

Gute Ackererde wird weggebaggert. Klobige Riesenkästen bedrücken die Landschaft. Betonpisten locken tausende Autos dorthin. Menschen kaufen, kaufen, kaufen. Kaum Platz noch da für Korn und Maus, für Busch und Hain. – Der Bussard segelt weit über unser Land.

Weißer Bär spricht:

Nach meinen Vätern gibt es nur drei Gesetze. Das erste: Wir sind für diese Erde geboren, für diesen Kindergarten. Wenn wir erwachsen werden, haben wir die Wahl zwischen zwei weiteren Gesetzen: das Gute oder das Böse. – Weißer Bär ist Sprecher der Hopi-Indianer in Nordamerika.

Die Punan-Frau Ale Lisu ruft uns zu:

Ihr sollt den Holzfirmen sagen, dass sie weggehen. Wenn ihr Menschen in den weit entfernten Ländern wollt, dass wir am Leben bleiben, sollt ihr kein Holz aus unserem Wald kaufen. Sonst wird unser Leben vertrocknen wie die Blätter der Bäume, wie Fische ohne Wasser. – Die Punan leben im und vom Regenwald Borneos (Südostasien).

Der Stein

In meiner Hand
liegt ein kühler Stein.
Meine Hand
wärmt den Stein.
Meine Finger
schließen Freundschaft
mit dem Stein.

Georg Bydlinski

Zusammen erhalten

Besorgt um das Leben auf unserer Erde, vereinen sich mutige Menschen in Aktionsgruppen. Die Bilder erzählen davon.
Einander bestärkend, wagen sich Umweltschützer mit Schlauchbooten vor den Bug von Walfängern und in Testgelände für Atomwaffen.
Einander sichernd, protestieren Waldschützer auf Kühltürmen und hohen Schornsteinen gegen Unternehmen, die unsere Luft verpesten.

Autoren schalten sich auf ihre Weise ein.
Begreifen wir doch endlich, dass wir keine Killer mehr sein müssen und sein dürfen, um Tapferkeit zu beweisen, mahnte der amerikanische Schriftsteller William Styron.
Der Beruf des Zuschauers war mir immer grässlich. Was bin ich, wenn ich nicht teilhabe? Um zu sein, ist es zunächst einmal wichtig, dass man eine Verantwortung übernimmt,* sagte der französische Schriftsteller Antoine de Saint-Exupéry.
Das offene Wort, an viele Menschen gerichtet, Anfeindungen zum Trotz, ist eine wichtige Tat.

1. Bildet ein Lager der vier Weltviertel. Spielt darin mit verteilten Rollen, was für die Erde getan werden soll. Tretet auf als Weißer Bär, als Ale Lisu, als Umwelt-Aktivist, als Waldschützer und so weiter.
2. Weißer Bär gibt Rätsel auf: Wen meint er mit dem »Kindergarten«? Vor welche Wahl stellt er uns Menschen?

Viele Fäden verbinden uns Kinder der Erde. Zu Bändern geknüpft, bieten sie Halt. So sollten wir zusammenhalten, um zu erhalten: das Leben, die Freude, die Schönheit auf unserem Planeten.

▶ Die grünen Lungen der Erde, ihre Wälder, bedecken fast ein Drittel der Kontinente. In Europa zeigt die Hälfte der Waldbäume Schäden durch Abgase und sauren Regen. In Russland und den USA verschwanden riesige Wälder, meist um Papierbedarf zu decken. In den Tropen muss der Urwald Feuerung, Acker- und Weideflächen und Exportholz hergeben. In diesen Regenwäldern wohnt die Hälfte aller Lebewesen der Erde, darunter viele uns noch unbekannte Arten. Dort leben Indianer, Pygmäen, die Punan und andere Völker. Aber durch Raubbau verschwindet heute alle zehn Minuten ein Urwaldstück so groß wie ein Fußballfeld.
Waldschützer und Ureinwohner streiten für den Erhalt der grünen Lungen.

▶ Fruchtbarer Boden entsteht aus festem Gestein. Wind, Wasser, Kleinlebewesen, einfache Pflanzen bewirken das. Selbst aus Betonwüsten machen sie wieder Ackerland.
Nur brauchen sie dazu Zeit: bald hundert, bald tausend Jahre für einen Zentimeter Bodenschicht.
Der Europarat, eine Vertretung der Länder Europas, hat 1972 betont: Boden zählt zu den wertvollsten, aber begrenzten Gütern der Menschheit.
Gruppen von Bürgern wenden sich gegen sinnloses Zubetonieren.

Hier entsteht eine Kinderstadt 2002

Das ist unser Platz. Hier bauen wir. Unsere Stadt bekommt viele Radwege und Badestellen und genug Papierkörbe. Alle können hier gut arbeiten und einkaufen. Die Tiere haben schöne Plätze.
Abends muss keiner Angst haben. Aber immer ist auch was los.
Die Häuser sind ganz verschieden und bunt. Manche haben Bäume drauf.
Das ist uns eingefallen, als wir auf der Weltreise waren. Sie hat uns auf Ideen gebracht. Bauen konnten wir schon immer, mit Sand, mit Klötzern, mit sonstwas. Jetzt machen wir dieses Projekt.
Und wie baut ihr an unserer Erde?

Für unser Projekt diskutieren und entscheiden wir:
Das soll es werden:
– Ein Umbau-Programm für unseren Ort, unser Viertel oder unseren Stadtpark,
– Ein Bau-Plan für eine Neustadt.

Das werden wir gestalten:
– Einen Bauplan, mit Bildern und Texten, den wir in der Schule ausstellen,
– Ein Angebot für den Bürgermeister, mit Werbung für die Kinderstadt 2002,
– Ein Modell unserer Stadt, das wir im Rathaus ausstellen.

So machen wir es:
– Wir schreiben auf, was zu tun ist.
– Wir teilen uns die Arbeit auf und bilden Gruppen.
– Wir setzen uns Termine.
– Wir wählen Projekt- und Gruppenleiter.
Oder wir machen es ganz anders.

Wir blicken weiter.
Es ist viel los.
In jeder Sekunde kommen drei Kinder zur Welt.
Wir wollen zusammen leben.
Wir haben noch viele Ideen und Energie.
Und ihr?

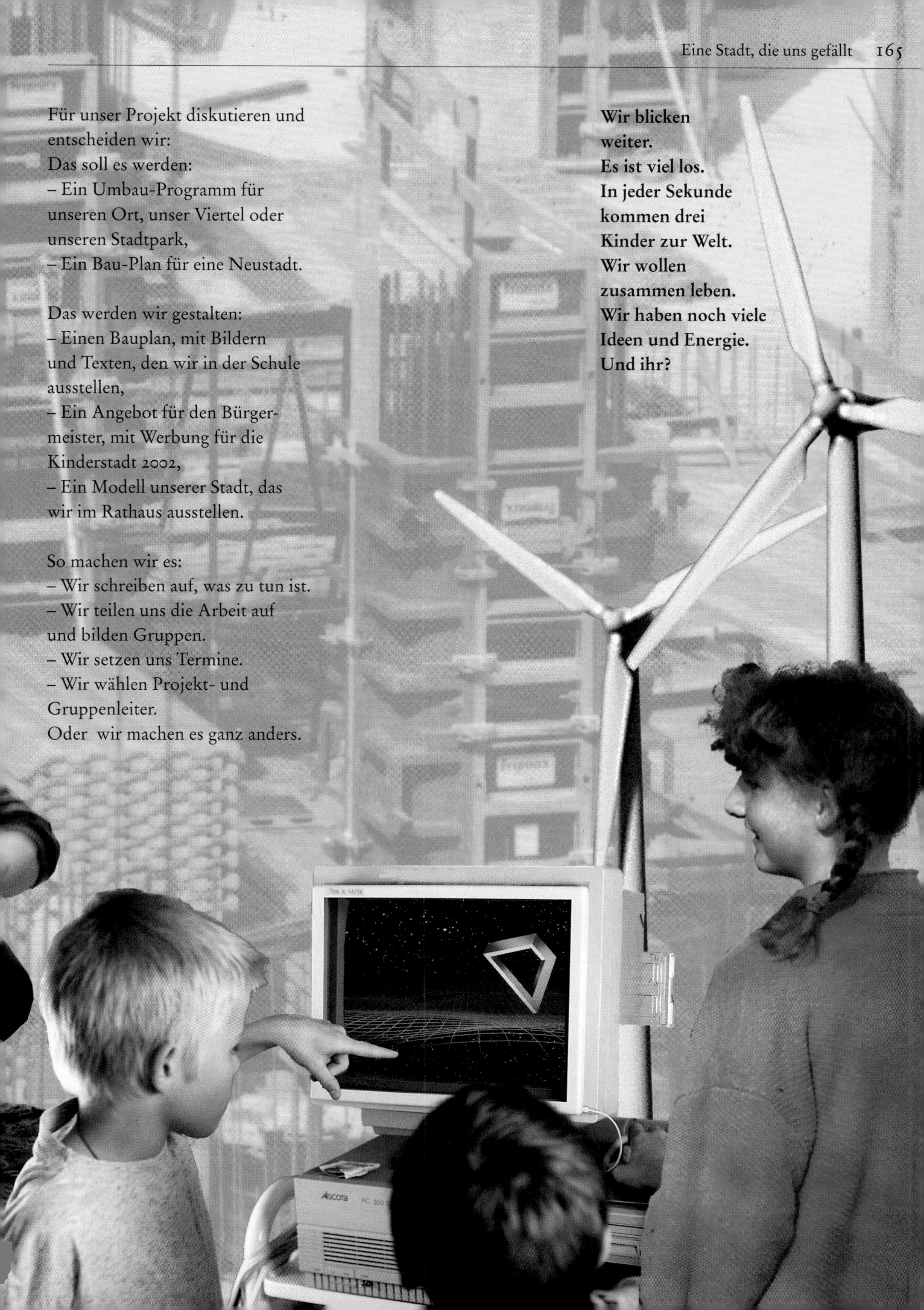

Worterklärungen

Bibel
Das heilige Buch der Juden und Christen: In der griechischen Sprache heißt das Schreibmaterial, das aus einer Papyrusstaude gewonnen wird, »biblos«. In alten Zeiten wurden Schriften auf Rollen aus diesem Material geschrieben. Die lateinisch sprechenden römischen Christen bezeichneten später ihre heiligen Schriften als »biblia«. Daraus entstand das deutsche Wort Bibel. Die Bibel ist heute das am meisten verbreitete Buch der Welt. Weitere Einzelheiten findest du unter dem Stichwort »Testament«*.

Clique
Loser und vorübergehender Zusammenhalt von Jugendlichen oder Kindern etwa gleichen Alters, die eine gemeinsame Freizeitbeschäftigung, eine gemeinsame Umgebung oder Ähnliches verbindet. Cliquen treten häufig als Fanclubs auf; gern grenzen sie sich durch ›coole‹ Jeans oder Lederjacken von Anderen – meist Erwachsenen – ab; manchmal ›verteidigen‹ sie ihre Straße, ihr Dorf oder ihr Stadtviertel gewaltsam gegen ›fremde‹ Jugendliche; solche Cliquen werden auch als Jugendgangs bezeichnet.

Ethik
ist ein griechisches Wort und bedeutet »Gewohnheiten« der Menschen, ihre »Sitten«. Und damit befasst sich die Ethik. Aber als Teilgebiet der Philosophie* reicht es ihr nicht zu beschreiben, wie die Menschen mit sich und der Natur umgehen – freundlich oder feindlich, gut oder böse –, sondern sie fragt nach dem Warum und dem Wozu des Tuns. Dabei geht es der Ethik darum, dass und inwiefern Menschen für ihr Handeln verantwortlich sind, denn sie können wählen und entscheiden, sie können sich frei machen von Zwängen und zum Guten leben.
Als Schulfach meint Ethik noch viel mehr – ein wahres Rundumleuchten. Du wirst das merken im Laufe des Unterrichts und beim Beschäftigen mit dem Ethik-Buch.

Evangelium
Für die ersten Christen waren die Geschichten von Jesus, die sie sich erzählten, Evangelium (»gute Nachricht«). Menschen hörten diese Geschichten und fühlten sich von ihnen angesprochen, weil sie ihr Leben reicher erlebten als vorher. Es gibt vier Evangelien. Wer sie niedergeschrieben hat, kann man nicht mehr feststellen. Sie sind nach herausragenden Jesus-Anhängern benannt worden: Matthäus, Markus, Lukas und Johannes.

Gleichnis
Eine Erzählform, die besonders häufig in Religionen verwendet wird. Hinter diesen Geschichten aus dem Alltag verbirgt sich ein tieferer Sinn; meist will der Erzähler eine Einsicht über Gott ausdrücken.

Gottesreich
Juden und Christen hoffen auf eine Zeit, in der Gott überall Frieden und Gerechtigkeit entstehen läßt. Für Christen hat das »Reich Gottes« – in Ansätzen – mit Jesus begonnen.

Hebräer
Bedeutet »Wanderer« und ist zunächst ein Beiname Abrahams gewesen. Die Nachkommen Abrahams nannten sich dann selber so. Erst nach der Befreiung aus dem ägyptischen Frondienst bezeichneten sich diese Stämme als »Israeliten«.

Imam
Arabische Bezeichnung für einen islamischen Gelehrten und Vorbeter in der Moschee.

Koran
Zu deutsch »Lesung«: Mohammed ließ die Texte in der Zeit von 610 bis 632 in arabischer Sprache aufschreiben. Der Koran ist für Muslime göttliches Wort – das Wort Allahs. Das Buch besteht aus 114 Einzelabschnitten, den »Suren«. Bis auf eine fangen alle Suren mit den Worten an: »Im Namen Allahs, des Allbarmherzigen«. Suren tragen Überschriften wie zum Beispiel »Die Höhle« (Sure 18) oder »Die Wallfahrt nach Mekka« (Sure 22).

Kosmos
Griechisches Wort für »Ordnung«: meint besonders die Ordnung der Welt und des Weltalls (Universum*).

Kultur
Lateinisch »Ackerbau« und »Pflege«: Kultur begann mit dem Auftreten des Menschen und bezeichnet alles, was diese miteinander planen, gestalten oder erbauen – zum Zwecke der Befriedigung von Grundbedürfnissen (zum Beispiel Nahrung, Kleidung) und im Hinblick auf sogenannte höhere Bedürfnisse (zum Beispiel Kunstwerke, Musikstücke).

Menschenrechte
Zu den ethischen Grundlagen des menschlichen Zusammenlebens gehört die Überzeugung, dass alle Menschen von Geburt an bestimmte

unantastbare Freiheits- und Gleichheitsrechte haben, die ihnen ein gesichertes und »würdiges« Leben erlauben sollen. Weltweit sind diese Rechte in der »Charta der Vereinten Nationen« zusammengefasst; bei uns sind sie auch im »Grundgesetz« enthalten (»Grundrechte«). Da die Menschenrechte immer wieder verletzt werden, versuchen mutige Menschen einzeln oder in Gruppen wie »amnesty international«, vor allem Opfer von Folter und Gewalt vor Misshandlungen zu schützen.

Messias
Hebräisch »der Gesalbte«. In Israel wurden Könige mit Öl gesalbt, um zu bekräftigen, dass Gott sie »berufen« habe. Zu Lebzeiten von Jesus bezeichnete man den erwarteten Gesandten Gottes als Messias, der die Menschen erlösen werde. Bei uns bekannter ist der gleichbedeutende Ausdruck »Christus«; er kommt ursprünglich aus der griechischen Sprache.

Midrasch
Eine Sammlung von Geschichten zur Hebräischen Bibel, die von jüdischen Geistlichen (Rabbinern) verfasst worden sind.

Ökumene
Griechisch »der bewohnte Erdkreis«. Heute wird unter Ökumene das weltweite Bemühen christlicher Kirchen verstanden, ihre Spaltungen in verschiedene Bekenntnisse zu überwinden. So kam es 1948 im schweizerischen Genf zur Gründung des »Ökumenischen Rats der Kirchen«, zu dem heute mehr als 300 Kirchen gehören. Alle sieben Jahre werden große ökumenische Versammlungen durchgeführt, die die Gemeinsamkeiten im Glauben und in der religiösen Arbeit fördern sollen.

Philosoph/Philosophie
Diese griechischen Wörter können wir mit »Freund der Weisheit« und »Liebe zur Weisheit« übersetzen. Wer philosophiert, sucht Antworten auf große Menschheitsrätsel, zum Beispiel: Woher kommen wir? Warum sind wir? Wohin gehen wir? Das alles ist schwer, vielleicht gar nicht zu beantworten. Aber es ist typisch philosophisch, solche und immer wieder neue Fragen zu bedenken – mit Vernunft und Phantasie. So gesehen bist du, wenn du besonders gründlich über dich und die Welt nachdenkst, ein Philosoph oder eine Philosophin.

Prophet
Ein griechisches Wort, das »Sprecher« bedeutet. Damit werden Menschen bezeichnet, die sich in besonderem Maße von ihrem Gott berufen fühlen. Sie verkünden und weisen auf – oftmals unbequeme –

Probleme ihrer Zeit hin. Viele Propheten gab es in Israel; die Bibel erzählt von ihnen. Mohammed ist der Prophet des Islam.

Pubertät
Lateinisch »Geschlechtsreife« – der Übergang von Jungen und Mädchen ins Erwachsenen-Dasein: Im Alter von ungefähr 12 bis 18 Jahren erfahren Jugendliche an sich selber zum Teil aufregende körperliche und seelische Veränderungen.

Religion
Was Religion ausmacht, soll euch das gesamte Kapitel 7 (»Begegnungen mit Juden, Christen und Muslimen«) erklären. Wörtlich übersetzt heißt Religion »Rückbindung«. Fremdwörterbücher übersetzen auch mit »Gottesverehrung« oder »Glauben an eine göttliche Macht«.

Sage
Dichterisch gestaltete Überlieferung, die aus geschichtlichen Vorzeiten stammt. In der Sage kommen meist bekannte Personen oder Orte vor.

Schalom
Frieden! – Eine hebräische Begrüßungsformel.

Symbol
Wörtlich übersetzt ist ein Symbol ein aus mehreren Teilen zusammengefügtes Zeichen oder auch Sinnbild – zum Beispiel die Taube als ein Sinnbild des Friedens. Symbole haben immer einen sichtbaren Anteil (zum Beispiel Taube) und einen unsichtbaren Anteil (zum Beispiel Frieden).

Testament
Die Bibel* der Christen umfasst das »Alte« und das »Neue« Testament. Das lateinische Wort Testament bedeutet »Bund« und meint die Zuwendung Gottes zu den Menschen. Das »Alte« Testament, zugleich die Heilige Schrift der Juden (Torah*; Hebräische Bibel), ist ursprünglich in hebräischer Sprache aufgeschrieben worden. Das Buch enthält geschichtliche und religiöse Erzählungen, Erfahrungsberichte, Lieder und Bekenntnisse aus der Lebenswelt der Israeliten und Juden. Die uns heute bekannten schriftlichen Zeugnisse sind weit über zweitausend Jahre alt.
Das »Neue Testament« der Christen besteht aus den Erzählungen über Jesus (Evangelium*), aus Briefen an frühe Christengemeinden sowie aus dem Buch der »Offenbarung«. Es ist gegen Ende des ersten Jahrhunderts in griechischer Sprache verfasst worden.

Theorie
Griechisch »Anschauen«: Wenn Forscher heute eine Theorie aufstellen, haben sie zuvor Beobachtungen oder Versuche durchgeführt. Nach Auswertung aller möglichen Umstände und Ergebnisse können häufig Lehrsätze abgeleitet werden: Eine neue Theorie ist geboren.

Torah
Als Torah (»Weisung«) bezeichnen Juden die ersten fünf Bücher der Bibel, die Bücher Moses. Die Weisung ist die Grundlage des Lebens der Juden. Es enthält ihre Lebensregeln, um deren richtige Auslegung sie bemüht sind und die sie immer besser zu erklären suchen. Religiöse Juden verehren die Torah, weil sie aus ihr Hilfen für ein gelungenes Leben bekommen. Als Zeichen ihrer großen Freude und Wertschätzung tanzen praktizierende Juden am Fest »Simchat Torah« mit der Torahrolle.

Universum
Lateinisch »Weltall« (Kosmos*).

Verantwortung
Deine Entscheidung und Bereitschaft, für dein Wollen und Handeln persönlich einzustehen – auch für die Folgen!

Vorurteil
Eine Meinung über Menschen ist immer dann ein Vor-Urteil, wenn man zuvor nicht darüber nachgedacht hat, ob diese Behauptung auch wahr ist. Manche Vorurteile sind harmlos (zum Beispiel: »Ich bin ganz besonders hübsch«), andere dagegen gefährlich (zum Beispiel: »Du bist ganz besonders hässlich«).

Wunder
Ein auffallendes, großartiges, völlig überraschendes Ereignis – in Religionen auch ein Vorgang, der den üblichen Verlauf der Dinge zeitweise außer Kraft setzt.

Gefragte Adressen

Ausländerbeauftragte des Senats von Berlin
Potsdamer Straße 65,
10785 Berlin
Telefon: 030/2654-2357 oder 2351

Bund für Umwelt und Naturschutz Deutschland (BUND)
Im Rheingarten 7
53225 Bonn
Telefon: 0228/40097

Deutscher Kinderschutzbund
Kinder- und Jugendtelefon
Telefon: 0130/811103
Wenn du Probleme hast, kannst du dich montags bis freitags zwischen 15.00 und 19.00 Uhr an die Beratungsstelle wenden. Der Anruf ist kostenlos.

Greenpeace
Vorsetzen 53
20459 Hamburg
Telefon: 040/31186-134

Mühlenvereinigung Berlin-Brandenburg
10963 Berlin
Trebbiner Straße 9

Sekundarschule Comenius
Neutorstraße 26
29410 Salzwedel
gegen-gewalt-buch: 1995 verfasst von Schülerinnen und Schülern aus Salzwedel

Stiftung Weltethos
Waldhäuser Straße 23
72076 Tübingen
07071/62646

UNICEF Deutschland
Kinderhilfswerk der Vereinten Nationen
Höninger Weg 104
50969 Köln
Telefon: 0221/936500

Text- und Bildnachweis

Textnachweis

Umschlag Hans Manz: Freundschaften. In: Hans Manz, Die Kunst, zwischen den Zeilen zu lesen. Neues Sprachbuch für Kinder, Weinheim und Basel: Beltz Verlag 1986, S. 97. | **S. 8** Mathias Eichhorn: Elenis erste Ethik-Stunde. Originalbeitrag | **S. 9** Wanda Gawinski: Abseits steht sie. In: Finde, erfinde eine Person … Schüler schreiben – Schüler zeichnen. Ergebnisse der Ausschreibung des Hessischen Kultusministers. Wiesbaden: Hessisches Institut für Bildungsplanung und Schulentwicklung (HIBS), 1987, S. 16 | **S. 10** Hans Manz: Hab und Gut. In: Hans Manz, Die Kunst, zwischen den Zeilen zu lesen. Neues Sprachbuch für Kinder, Weinheim und Basel: Beltz Verlag 1986, S. 43 | **S. 12–14** Mathias Eichhorn: Jan hat einen Einfall. Originalbeitrag | **S. 15** Wendy Kloke: Einen Namen haben. Originalbeitrag | **S. 20/21** Peter Grün: Karin kann's nicht! Originalbeitrag | **S. 22** Peter Grün: Streber. Originalbeitrag | **S. 24/25** Peter Grün: Jede Menge Bilder. Originalbeitrag | **S. 26** Peter Grün: Ich erinnere mich. Originalbeitrag | **S. 27** Peter Grün: Damit du mich nicht verwechselst. Originalbeitrag | **S. 28/29** Peter Grün: Jörn fällt. Originalbeitrag | **S. 30** Bertolt Brecht: Der Zettel des Brauchens. In: Gesammelte Werke in 20 Bänden, Band 9, Frankfurt/Main: Suhrkamp Verlag 1967, S. 748 | **S. 32f** Peter Grün: Nach vorn. Originalbeitrag | **S. 38/39** Nach Scott O'Dell: Insel der blauen Delphine, Olten/Freiburg: Walter Verlag 1962, zitiert nach der Lizenzausgabe des Oetinger Verlags, Hamburg 1986, S. 47–96 | **S. 40/41** Nach Brock Cole: Niemand soll uns finden. Übertragung von Sybil Gräfin Schönfeldt, Frankfurt/Main: Fischer Taschenbuch Verlag 1996, S.186f | **S. 42/43** Jürgen Langefeld: Zwiespältigkeiten. Originalbeitrag| **S. 42** Bertolt Brecht: Die Schlußstrophen des Dreigroschenfilms. In: Gesammelte Werke in 20 Bänden, Band 2, Frankfurt/Main: Suhrkamp Verlag 1967, S. 497 | **S. 44/45** Hannes Hüttner: Der Prinz von Yxness. Originalbeitrag | **S. 47** Kurt Tucholsky: Das Fotografie-Album (Auszug) In: Gesammelte Werke, Band 10, Reinbek: Rowohlt Verlag 1975, S. 168f | **S. 48** Clara Wieck, 8, an die Mutter. In: Andreas und Angela Hopf, Geliebte Eltern. Kinderbriefe aus sechs Jahrhunderten, Ismaning b. München: Verlag Max Hueber 1987, S. 207 | **S. 52/53** Wendy Kloke: Familie in Nöten (Tagebucheinträge). Originalbeitrag | **S. 54/55** Jürgen Langefeld: Die Turnschuhe. Originalbeitrag | **S. 56/57** Nach Hiltraud Olbrich: Eins zu null für Bert. In: Renate Boldt und Gisela Krahl (Hrsg.), Mädchen dürfen stark sein, Jungen dürfen schwach sein. Reinbek: Rowohlt Verlag 1985, S. 69–75| **S. 56** Christoph Meckel: Und du? In: Christoph Meckel, Pferdefuss. Ravensburg: Otto Maier Verlag 1988, S. 8 | **S. 58/59** Jürgen Langefeld: Abgewählt. Originalbeitrag | **S. 61** Erich Fried: Ausweichen. In: Gesammelte Werke. Gedichte 3. Herausgegeben von Volker Kaukoreit und Klaus Wagenbach, Berlin: Verlag Klaus Wagenbach 1993, S. 356 | **S. 66** Hannes Hüttner: Tatos erster Büffel. Originalbeitrag | **S. 68** Hannes Hüttner: Der Fremde. Originalbeitrag | **S. 69** Mehmet Özata: Ich bestehe darauf. In: Henning Müller (Hrsg.), „… verbrennt man am Ende auch Menschen". Wo alles begann: Berliner Autoren lesen eigene Texte zum 60. Jahrestag der Bücherverbrennung. IG Medien, Landesbezirk Berlin-Brandenburg, Berlin 1993. S. 63 – zitiert nach Henning Müller (Hrsg.), Exil – Asyl. Tatort Deutschland. Texte von 1933 bis heute – eine literarische Anthologie, Gerlingen: Verlag Lambert Schneider 1994, S. 171 | **S. 70** Nach Evelyne Stein-Fischer: Aufgenommen! 13 Geschichten vom Liebhaben, München: Deutscher Taschenbuch Verlag junior 1990, S. 78–94 | **S. 72/73** Hannes Hüttner: Starke Jungs? Originalbeitrag | **S. 74** Nach Willi Fährmann: Der lange Weg des Lukas B., Würzburg: Arena Verlag Georg Popp, 3. Auflage 1981, S. 9f | **S. 80/81** Michael Ende: Momo oder die seltsame Geschichte von den Zeit-Dieben, Stuttgart und Wien: Thienemanns Verlag 1973, S. 9, 12, 13 | **S. 82** Nach Franz Hohler: Der kranke, kranke Regenwurm. In: Hubertus Halbfas, Das Menschenhaus. Ein Lesebuch für den Religionsunterricht, Düsseldorf: Patmos Verlag, 13. unveränderte Auflage 1991, S. 19 | **S. 83** Wendy Kloke: Die Überraschung. Originalbeitrag | **S. 85** Georg Britting: Sommersonntag. In: Sämtliche Werke. Band 4, München: List Verlag 1996, S. 307 | **S. 87** Annett Heibel: Freiheit. In: Patricia Block und Gudrun Grimm (Hrsg.), Zwischen nicht mehr und noch nicht, Berlin: Humanistischer Verband, März 1996, 3. Auflage, S. 64 | **S. 88** Anstehen war das Normalste der Welt; Nulltarif und Alkohol. In: Regina Rusch (Hrsg.): Plötzlich ist alles ganz anders. Kinder schreiben über unser Land, Frankfurt/Main: Verlag Vito von Eichborn, zitiert nach der ungekürzten Ausgabe des Deutschen Taschenbuch Verlages, München, Oktober 1993, S. 142 und 71 | **S. 90/91** Weihnachtserzählung Lukas 2, 1–20. Gekürzt nach: Die Gute Nachricht. Altes und Neues Testament, herausgegeben von den Bibelgesellschaften und Bibelwerken im deutschsprachigen Raum, Stuttgart: Deutsche Bibelstiftung 1978 | **S. 92** Nach Halja Rupa: Warum es zum Heiligen Abend süßen Brei gibt. In: Ulf Diederichs (Hrsg.), Schöne Wilde Weihnacht. Märchen, Sagen und Legenden aus alter Zeit, München: Deutscher Taschenbuch Verlag, Oktober 1991, S. 100 | **S. 93** Joachim Ringelnatz: Schenken. In: Das Gesamtwerk in sieben Bänden, Band 1, Zürich: Diogenes Verlag 1994, S. 265 | **S. 97** Schülerinnen und Schüler aus Salzwedel: Idiot. In: gegen-gewalt-buch. Sekundarschule Comenius, Neutorstraße 26, 29410 Salzwedel 1995, S. 24 | **S. 100** Peter Grün: Friedliches Fernsehen? Originalbeitrag | **S. 103** Peter Grün: Warum ich? Originalbeitrag | **S. 104** Peter Grün: Du hast mir grade noch gefehlt! Originalbeitrag | **S. 104** Schülerinnen und Schüler aus Salzwedel: Wut tut gut. In: gegen-gewalt-buch. Sekundarschule Comenius, Salzwedel 1995, S. 26 | **S. 105** Peter Grün: Selber schuld!? Originalbeitrag | **S. 106** Schülerinnen und Schüler aus Salzwedel: Brutal. In: gegen-gewalt-buch. Sekundarschule Comenius, Salzwedel 1995, S. 49 | **S. 107** Peter Grün: Das Märchen von den lieben Schülerlein. Originalbeitrag | **S. 108** Erich Fried: Ich bin der Sieg. In: Erich Fried, Ein Soldat und ein Mädchen. Roman, Düsseldorf: Claassen Verlag 1960, zitiert nach der Taschenbuchausgabe des Fischer Verlages, Frankfurt/Main 1984, S. 176.| **S. 112** Nach einer Umfrage der Gewerkschaftsjugend der IG Metall. In: Soli. Zeitung der Gewerkschaftsjugend, Heft 2/93ff | **S. 113** Matthias Hahn: Begegnungen gestalten. Originalbeitrag | **S. 114–118** Mathias Eichhorn und Wendy Kloke: Zusammenkommen. Originalbeitrag | **S. 120** Nach Martin Buber: Die Torah – Geschichten von Treue und Freude. Ein jüdischer Midrasch. In: Martin Buber: Die Erzählungen der Chassidim, Zürich: Manesse Verlag 1949, S. 538 | **S. 121** Lukas 1, 1–3. Leicht gekürzt nach: Die Gute Nachricht. Altes und Neues Testament, herausgegeben von den Bibelgesellschaften und Bibelwerken im deutschsprachigen Raum, Stuttgart: Deutsche Bibelstiftung 1978 | **S. 122** Der Engel Gabriel gibt Mohammed den Koran. Nach Mohammed Ibn Ishâq, Das Leben des Propheten. Aus dem Arabischen übertragen und bearbeitet von Gernot Rotter. Tübingen und Basel: Horst Erdmann Verlag 1976, S. 43ff | **S. 127** Maria Greifenberg: Erinnern und feiern. Originalbeitrag | **S. 133** Susanne Hennemann: Ein Mensch. In: Hans Kruppa (Hrsg.), Wo liegt euer Lächeln begraben? Gedichte gegen den Frust, Frankfurt/Main: Fischer Taschenbuch Verlag 1983, S. 61 | **S. 138/139** Die Blinden und der Elefant. In: Hubertus Halbfas, Religionsbuch für das 5./6. Schuljahr, Düsseldorf: Patmos Verlag 1995, S. 126 | **S. 142/143** Nach Wolf D. Aries: Die Einladung. In: Dietrich Steinwede (Hrsg.), Neues Vorlesebuch Religion 1, Lahr: Kaufmann Verlag 1996, S. 377 | **S. 144** Liebe Kinder! In: Susanne Beck u. a. (Hrsg.): Vorlesebuch Ökumene, Lahr: Kaufmann Verlag 1991, S. 529 | **S. 150** Prospekt der Mühlenvereinigung Berlin-Brandenburg e. V., 10963 Berlin, Trebbiner Str. 9, o. J. | **S. 152** Von Kranichs Wut und Emus Ei. Nach: Wie die Sonne entstand. In: Ernst Adler, Die Legende vom Bumerang, Berlin: Alfred Holz Verlag 1975, S. 183f. | **S. 154/155** Ursula Wilke: Vishnu unter Brüdern. Originalbeitrag | **S. 156/157** Die Schöpfung: Nach Genesis 1. Die Bibel. Evangelische Hauptbibelgesellschaft zu Berlin, 2. Auflage 1969 | **S. 159** N. N.: Indianisches Hirtenlied. In: Milos-lav Stingl, Inka. Ruhm und Untergang der Sonnensöhne, Leipzig/Jena/Berlin: Urania Verlag 1989, S. 249 | **S. 159** Albert Einstein. In: Armin Hermann, Einstein. Der Weltweise und sein Jahrhundert, München: Piper Verlag 1994, S. 467 | **S. 160** Joseph Bruchac: Der alte Mann. In: Joseph Bruchac, Macht die Erde nicht kaputt, Wien: Herder & Co. 1984, S. 126 | **S. 162** Weißer Bär. In: Alexander Buschenreiter, Unser Ende ist euer Untergang. Die Botschaft der Hopi an die Welt, Göttingen: Lamuv Verlag 1992, S. 118; | **S. 162** Ale Lisu. In: Barbara Veit und Hans-Otto Wiebus, Arrang lebt im Regenwald. Wuppertal: Peter Hammer Verlag 1991, letzte Seite | **S. 162** Georg Bydlinski: Der Stein. In: Hans Joachim Gelberg (Hrsg.), Überall und neben dir. Gedichte für Kinder, Weinheim: Beltz Verlag 1989, S. 272. Nachdruck aus dem 7. Jahrbuch der Kinderliteratur: Augen aufmachen, Weinheim und Basel: Beltz Verlag 1984 | **S. 163** William Styron. In: Nikolaus Eckardt, Die Regenbogenkämpfer. Aktion Greenpeace, Baden-Baden: Signal Verlag Frevert 1983, S. 7 | **S. 163** Antoine de Saint-Exupéry: Flug nach Arras. In: Antoine de Saint-Exupéry, Prosa, Berlin: Verlag Volk und Welt, 1985, S. 410 und 425

Bildnachweis

S. 6/7 Volker Döring, Hohen-Neuendorf | **S. 8** Hannah Karnapke, Berlin | **S. 9** li. o: Ullstein Bilderdienst, Franz E. Möller; re. o.: Ullstein Bilderdienst, Günter Zucchi | **S. 10** AKG (1) ; KNA-Bild (1) | **S. 11** Bavaria Bildagentur, München | **S. 12/13** Bildagentur Schuster/Liaison, Mark Lewis | **S. 14** AKG (3) | **S. 15** Agentur Helga Lade/Studio CM und Willi Arand | **S. 16/17** AKG (2); Museum Folkwang Essen | **S. 36/37** Archiv Rainer Kiedrowski, N. Koshofer, Ratingen; Ullstein Bilderdienst, Günter Peters; Gerhard Medoch, Berlin (2); Elie Khalife, Genf; Ostkreuz, Hauswald; Bavaria, © Merten | **S. 38** Peter Hartmann, Berlin (privat) | **S. 39** Mauritius Die Bildagentur | **S. 40** Ullstein Bilderdienst/Varion-Press | **S. 41** Kinder- und Jugendwerk Berlin | **S. 42** li.: Ullstein Bilderdienst/P/F/H; Mi.: Ostkreuz, Hauswald; re.: Mauritius Die Bildagentur | **S. 43** li./re.: Volker Döring; Mi.: Ullstein Bilderdienst/Vision-Photos | **S. 44** Ostkreuz, Hauswald | **S. 45** Ostkreuz, Hauswald (3) | **S. 46/47** ZEFA, Wartenberg (1); Ullstein Bilderdienst (1) | **S. 48** o.: Bilderdienst Süddeutscher Verlag München; Mi.: Ullstein Bilderdienst, Uselmann; u.: Ullstein Bilderdienst, Arne Weychardt | **S. 49** Ullstein-Bilderdienst/Sylent Press | **S. 50** Ullstein Bilderdienst, Ralf Jacob | **S. 51** li., Mi.: Ostkreuz, Maurice Weiss; re.: Ullstein Bilderdienst, Fromm | **S. 52** Bavaria, © Merten | **S. 53** li.: Ostkreuz, Ute Mahler; re.: Peter Hartmann, privat | **S. 54/55** Klaus Fischer, Berlin | **S. 56** Ullstein Bilderdienst, Günter Peters | **S. 57** o.: Komische Oper Berlin, Arvid Lagenpusch; Mi.: Thomas Billhardt, Klein-Machnow; u.: Mauritius Die Bildagentur, Pedro Coll | **S. 58** Elie Khalife, Genf | **S. 59** Horst Hanske, Regensburg | **S. 60** o.: Michael Seiffert, Hannover; u.: Horst Hanske | **S. 61** Ullstein Bilderdienst | **S. 62/63** Aus: Kinder aus aller Welt – Dorling Kindersley Ltd. London; Volker Döring | **S. 64/65** Ullstein Bilderdienst (1); Katholisches Pfarramt, Biebelried (1); Bavaria (1); Volker Döring (4); ; Peter Hartmann (2); Archiv Volk und Wissen (2) | **S. 66** Ullstein Bilderdienst, Fromm | **S. 67** Volker Döring (3) | **S. 68** Werbe-Konzeption Zimmermann, Frankfurt/ Main | **S. 69** li.: Peter Hartmann, privat; re.: Ullstein Bilderdienst, Günter Peters | **S. 70** Volker Döring | **S. 71** © Harald Lange, Leipzig | **S. 72** li.: Ullstein Bilderdienst, Joachim Schulz; Mi.: dto., Fromm | **S. 73** li.: dto., Mi.: dpa; re.: Archiv Volk und Wissen | **S. 78/79** AKG (1); Gerhard Medoch (3) | **S. 80/81** Ullstein Bilderdienst, Friedel Gierth | **S. 82/83** Volker Döring | **S. 84** li. o.: AKG; re. o.: bildarchiv preußischer kulturbesitz; Mi./u.: Mauritius Die Bildagentur | **S. 85** li.: Staatliche Galerie Moritzburg, Halle, Schnippel; re.: Stadtmuseum Berlin, Bartsch | **S. 86/87** von links nach rechts: KNA-Bild; epd-bild, Michael Trippel; Ullstein Bilderdienst; Hans-Jürgen Bertz, Berlin | **S. 89** Aus: Über den Tag hinaus, Europa-Verlag | **S. 90/91** Gerhard Medoch | **S. 92** Ullstein Bilderdienst/Vision Photos | **S. 94/95** Gerhard Medoch | **S. 96/97** Volker Döring (2); AKG (1); Peter Hartmann, privat (3) | **S. 98** Chip Hires/Gamma /Studio X | **S. 99** Stark/present | **S. 101** AKG (2) | **S. 102** teutopress (1) | **S. 103** Ben Behnke/Stern (Regiefoto) | **S. 104** li.: Ullstein Bilderdienst, Schröder; re.: The Image Bank | **S. 105** li.: Ullstein Bilderdienst/Sylent Press; re. o.: AKG | **S. 106** Gerhard Medoch (1); Ullstein Bilderdienst, Volker Hohlfeld (1) | **S. 107** li.: Ullstein Bilderdienst/Sylent Press; re.: leif/Andreas Fechner | **S. 108/109** Volker Döring | **S. 110/111** Gerhard Medoch | **S. 112** o.: AKG; u.: Gerhard Medoch | **S. 113** Gerhard Medoch | **S. 114** li. o.: Rainer Kiedrowski, Ratingen; re. o.: Wolfgang Horn, Frankfurt/Main | **S. 115** o.: Wolfgang Horn; u.: Stiftung „Neue Synagoge Berlin – Centrum Judaicum", Billeb sowie Micha Rosenberg, Berlin | **S. 116** o.: Wolfgang Horn; u.: KNA-Bild | **S. 117** o.: Wolfgang Horn; u.: epd-bild | **S. 118** o.: Wolfgang Horn; u.: Ullstein Bilderdienst/Varion Press | **S. 119** Albatross – aerial photography (Duby Tal, Moni Haramati) Tel Aviv/Israel | **S. 120** li: Pinkhassov/ Magnum/ Focus; re.: Stiftung „Neue Synagoge Berlin – Centrum Judaicum", Billeb | **S. 121** Michael Greulich, Rehbrücke | **S. 122** Ullstein Bilderdienst, Hennig Christoph | **S. 123** AKG (3) | **S. 127** Roger Rossmeyer/Starlight/Focus | **S. 129** Kunstverlag Maria Laach, Kath. Kirchengemeinde St. Stephan, Mainz; | | **S. 133** AKG | **S. 134** AKG (2) | **S. 136** AKG | **S. 138/139** Gerhard Medoch | **S. 140** Königliche Botschaft Saudi-Arabiens, Bonn | **S. 142** Mauritius Die Bildagentur, Charles Ovrico | **S. 143** Paul Glaser, Berlin (2)| **S. 144** Ullstein Bilderdienst | **S. 145** Paul Glaser, Berlin | **S. 148/149** Wilkin Spitta (1); AKG (1); Staatliche Museen zu Berlin-Preußischer Kulturbesitz/Gemäldegalerie (1); Rainer Kiedrowski (1); Archiv Volk und Wissen (3); Peter Hartmann, privat (1) | **S. 151** Brandenburgisches Amt für Denkmalpflege, Dieter Möller | **S. 152** o.: © Harald Lange; u.: Museum für Völkerkunde,

Leipzig | **S. 153** Aus: Das Huhn und das Ei. Hans Peters Verlag, Hanau, Bo Jarner; u. re.: Ullstein Bilderdienst, Engler | **S. 154/155** Fritz Kreidt, Berlin (1); Rainer Kiedrowski (1); Peter Hartmann/Hans-Jörg Schirmbeck (2) | **S. 156** NASA (1); Klaus Fischer (1) | **S. 157** Volker Döring; Museum für Völkerkunde; Staatliche Museen zu Berlin – Staatsbibliothek Berlin (beide Preußischer Kulturbesitz) | **S. 158** Staatlicher Mathematisch-Physikalischer Salon Dresden (1); Staatliche Museen zu Berlin – Preußischer Kulturbesitz/ Gemäldegalerie (1); Peter Hartmann, privat (2); Hans Wunderlich | **S. 159** o.: NASA (1); u.: Ullstein Bilderdienst (1) | **S. 160** o.: Ullstein Bilderdienst/Vario Press; u.: Jürgen Diedrich, Hannover (1) | **S. 161** Peter Fischer, Oelixdorf | **S. 162** o.: Klaus Fischer (1); Staatliches Museum für Völkerkunde, Dresden (1); u.: Beltz und Gelberg Verlag | **S. 163** Greenpeace (li.: Morgan; re.: Sabine Vielmo) | **S. 164/165** Volker Döring (5); The Image Bank (1); Ullstein Bilderdienst (1); Gerhard Medoch

Werke der bildenden Kunst
S. 10 Ludwig Richter, Kinderglück, o. J. | **S. 16/17** Carl Spitzweg, Der Porträtmaler, 1860/62; Albrecht Dürer, Selbstbildnis als 13- oder 14-jähriger Knabe, 1484. Grafische Sammlung Albertina, Wien; Paula Modersohn-Becker, Selbstbildnis mit Kamelienzweig, o. J. Museum Folkwang, Essen | **S. 78/79** Ludwig Richter, Der Brautzug im Frühling, 1847. Gemäldegalerie Neue Meister, Dresden | **S. 84** Wolfgang Mattheuer, Ein schöner Sonntag, 1967. Leipzig, Museum der Bildenden Künste. © VG Bild-Kunst 1997; Caspar David Friedrich, Frau am Fenster, 1822. Staatliche Museen zu Berlin-Preußischer Kulturbesitz/Alte Nationalgalerie; Vincent van Gogh, Schlafraum in Arles, 1888. Musée de Orsay, Paris; Pierre-Auguste Renoir, Das Frühstück der Ruderer, 1881. Phillips Collection, Washington | **S. 85** Albert Ebert, Kinderfest im Kleingartenverein, 1959. Staatliche Galerie Moritzburg, Halle. © VG Bild-Kunst 1997; Paul Paeschke, Spielplatz im Friedrichshain, um 1913. Stadtmuseum Berlin | **S. 96** Käthe Kollwitz, Saatfrüchte sollen nicht vermahlen werden. © VG Bild-Kunst 1997 | **S. 98** Illustrationen von Ludwig Richter, Wilhelm Busch, Heinrich Hoffmann | **S. 101** Wolfgang Mattheuer, Zwei Gesichter, 1970. © VG Bild-Kunst 1997; Paolo Uccello, Der Drachenkampf des Heiligen Georg. London, National Gallery. | **S. 105** Pablo Picasso, Friedenstaube. © VG Bild-Kunst 1997 | **S. 106** Plastik „Schwerter zu Pflugscharen“, Jewgenij Wutschetitsch, 1959. Standort: UNO-Hauptgebäude, New York | **S. 129** Marc Chagall, Mose empfängt die Gesetzestafeln. Chorfenster in St. Stephan, Mainz. © VG Bild- Kunst 1997 | **S. 133** Pompeo Batoni, Die Heimkehr des verlorenen Sohnes, 1773. Kunsthistorisches Museum Wien | **S. 136** Leon Belly, Pilgerkarawane auf dem Weg nach Mekka, 1861

Collagen:
Marina Goldberg (S. 6/7, 10/11, 14, 16/17, 64/65), Roswitha König (S. 36/37, 46/47, 54/55, 62/63, 96/97, 99, 102, 106, 108/109, 148/149, 150, 153, 154/155, 156, 158, 162, 164/165), Gerhard Medoch (S. 78/79, 80/81, 90/91, 94/95, 110/111, 112/113, 130/131, 138/139)

Illustrationen:
Wolfgang Würfel (S. 18–35, 76/77); Hans Wunderlich (S. 158)

Karten:
Gerhard Medoch (S. 124, 126, 135, 137, 141)

Cartoons und Bildgeschichten:
Hans Serner (S. 75, 93, 100, 113, 115, 117, 118, 119, 120, 123, 125, 127, 128, 131, 132, 135, 137, 139, 140, 142, 145, 146/147)

Trotz sorgfältiger Recherchen konnten einige Quellen nicht eindeutig ermittelt werden. Wir bitten darum, gegebenenfalls vorliegende Rechte beim Verlag geltend zu machen.

Dieses Werk ist in allen seinen Teilen urheberrechtlich geschützt.
Jegliche Verwendung außerhalb der engen Grenzen des Urheberrechts
bedarf der schriftlichen Zustimmung des Verlages.
Dies gilt insbesondere für Vervielfältigungen, Mikroverfilmungen,
Einspeicherung und Verarbeitung in elektronischen Medien
sowie für Übersetzungen.

Dieses Werk folgt der reformierten Rechtschreibung und Zeichensetzung.
Ausnahmen bilden Originaltexte, bei denen lizenzrechtliche Gründe
einer Änderung entgegenstehen, Autoren und Verlage Einspruch gegen
die Umstellung der Texte auf das neue Regelwerk erhoben haben.
Der Entscheidung des Verlages für die Beibehaltung der alten Schreibweise
bei Originaltexten liegt die aktuelle Liste der Verwertungsgesellschaft WORT,
Stand August 1997, zugrunde.

ISBN 3-06-120501-2

1. Auflage
54321 / 03 02 01 99 98 97
Alle Drucke dieser Auflage sind unverändert und im Unterricht
parallel nutzbar. Die letzte Zahl bedeutet das Jahr dieses Druckes.
© Volk und Wissen Verlag GmbH, Berlin 1997
Printed in Germany
Redaktion: *Martin Kloke*
Künstlerische Leitung: *Frank Schneider*
Einband: *Gerhard Medoch*
Layout: *Marina Goldberg*
Recherche und Bildberatung: *Peter Hartmann*
Collagen: *Marina Goldberg, Roswitha König, Gerhard Medoch*
Illustrationen: *Wolfgang Würfel*
Cartoons und Bildgeschichten: *Hans Serner*
Herstellung: *Jürgen Brinckmann*